Träume

ECON Sachbuch

Hans Dieckmann

Träume

Das Tor zur inneren Wirklichkeit

ECON Taschenbuch Verlag

Lizenzausgabe

Der ECON Taschenbuch Verlag
ist ein Unternehmen der ECON & List Verlagsgesellschaft

Januar 1990

Umschlaggestaltung: KKK, Köln
Druck und Bindearbeiten: Ebner Ulm
Printed in Germany
ISBN 3-612-26391-9

INHALT

VON DER WIRKLICHKEIT DER TRÄUME

Es ist im Grunde genommen ein sehr merkwürdiges Phänomen, daß die meisten Menschen unserer heutigen Zeit von ihren Träumen sehr wenig halten, kaum auf sie achten, sie relativ schnell wieder vergessen und, wenn sie einmal einen Traum behalten, damit auch recht wenig anzufangen wissen. Gleichzeitig beklagen sie sich über die Eintönigkeit und die Eingeengtheit ihres Daseins, über fehlende Sinnbezüge und mangelnde Erlebnisse. Dabei steht ihnen in ihren eigenen Träumen eine ganze Erlebniswelt zur Verfügung, die sie in unbekannte Länder und Gegenden zu merkwürdigen und spannenden Begegnungen, zu ganz unbekannten Bereichen und unter Umständen sogar in eine märchenhafte und mythologische Welt führen kann.

Obwohl wir meist von Traumbildern und von der Bilderwelt der Träume sprechen, ist das eigentlich nicht ganz korrekt, denn der Traum enthält alle sinnlichen Qualitäten, die wir mit unseren fünf Sinnen erfassen können, also nicht nur Sehen, sondern auch Hören, Tasten, Riechen und Schmecken. Wir sind nur vom Bewußtsein her so sehr stark auf unseren optischen Sinn hin orientiert, daß wir die anderen sinnlichen Qualitäten meist vernachlässigen und uns in der bewußten Erinnerung das Traumerlebnis einer Nacht mehr wie eine Bildfolge erscheint, ein Irrtum, der sich oft bis in die wissenschaftliche Literatur hinein erstreckt, so daß auch die erste moderne Traumtheorie Freuds den Traum als eine Art von Bilderrätseln auffaßte und von der Annahme ausging, daß sich die vom Bewußtsein verdrängten Trieb- oder Antriebsregungen im Traume bildlich verschlüsselt in eben dieser Art des Bilderrätsels darstellten. Beschäftigen wir uns aber genauer und intensiver mit unseren Träumen, so werden wir sehr schnell feststellen, daß es sich keineswegs nur um Bilder handelt, sondern daß der Traum die Qualitäten eines echten, bewußten Erlebnisses an sich hat und nur sehr schwer von diesem überhaupt zu unterscheiden ist. Nur dann, wenn wir uns im Traume dessen bewußt sind, daß wir träumen, können wir während dieser Zeit einen gewissen

Unterschied machen, ob uns das, was uns hier in der Nacht im Traum zustößt, wirklich geschieht oder nicht. Auch wird jeder, der sich nach dem Erwachen meditativ in seine Träume zurückversetzt, sehr schnell feststellen können, daß wir im Traume nicht nur sehen, sondern genausooft hören und sprechen, daß wir im Traume auch eine Mahlzeit schmecken können, daß wir in der Lage sind, etwas zu riechen, und daß wir zum Beispiel beim Austausch von Zärtlichkeiten auch die entsprechenden Körperempfindungen haben. So wird der Traum zu einer zweiten Welt, in der wir häufig ganz andere, durchaus konkrete Erlebnisse haben, denn wir müssen konstatieren, daß wir nur dann überhaupt erleben, wenn wir sinnlich erleben. Das bedeutet, daß die Kenntnis der Realität unserer Umwelt uns in letzter Konsequenz immer nur durch unsere Sinne überliefert wird. Selbst wenn wir Apparaturen oft höchst komplizierter Art wie in der modernen Wissenschaft dazwischenschalten, steht doch als letztes Beweismittel für die Existenz eines Objektes hinter jeder Apparatur, und sei sie noch so fein, der entsprechende menschliche Sinn. So bleibt als der einzige Unterschied, den die konkrete Realität des Wacherlebens gegenüber dem Erleben im Traum hat, der, daß wir im Wachzustand in einer kontinuierlich sich fortsetzenden Wirklichkeit enthalten sind, die ihre spezifische Vergangenheit, Gegenwart und Zukunft hat und die einschließlich des gesamten Umfeldes der Objekte und Personen, zwischen denen wir leben, relativ stabil bleibt und sich nicht sprunghaft und überraschend verändert. In den Träumen ist das nicht so. Wir können uns jede Nacht in einem anderen Bereich befinden, wir können jede Nacht in einem anderen Alterszustand sein, und wir können uns jede Nacht in einer anderen Objektwelt und in der Beziehung zu anderen, uns völlig unbekannten Personen bewegen. Trotzdem bleibt die gleiche Erlebnisqualität sowohl im Traum wie im Wacherleben, ein Phänomen, das schon vor vielen Jahrhunderten den berühmten chinesischen Philosophen Chuang-tzu zu der nachdenklichen Frage veranlaßte: »Heute nacht träumte ich, ich sei ein Schmetterling und flöge auf einer Wiese voller Blumen. Nun, da ich aufgewacht bin, weiß ich nicht recht, bin ich nun ein Mensch, der geträumt hat, ein Schmetterling zu sein, oder bin ich ein Schmetterling, der jetzt träumt, ein Mensch zu sein?«

Die Psychoanalyse hat dazu beigetragen, die Traumwelt wieder lebendiger und bedeutsamer zu machen. Aber abgesehen von den wenigen, die sich einer Analyse unterziehen und durch dieses Verfahren ein Stück weit lernen, mit ihren Träumen umzugehen und deren Bedeutsamkeit für ihr eigenes Leben und für ihr psychisches Wohlergehen zu erkennen, steht die große Menge der heutigen Menschen der Traumwelt wesentlich desinteressierter gegenüber, als es in der Antike oder im Mittelalter der Fall war. Wenn sich der Laie heute mit seinen Träumen beschäftigt, dann benutzt er oft ein theoretisches, psychoanalytisches Wissen, um das eigentliche Erleben des Traumes abzuwehren und zu disqualifizieren. Dazu hat die frühe psychoanalytische Traumdeutungsmethode Freuds sicher beigetragen, die in den Träumen lediglich verschüsselte Wunscherfüllungen von nicht gelebten und unterdrückten Triebwünschen gesehen hat, was dann oft dazu führt, daß jemand, der sich etwas von dieser Theorie angelesen hat, meint, durch eine primitive Entschlüsselung sagen zu können, der Traum bedeute eben nur diesen oder jenen Wunsch, und auf diese Art und Weise an dem eigentlichen Erlebnischarakter des Traumgeschehens vorbeigeht, es verfehlt bzw. es durch diese Rationalisierung wieder verdrängt.

Der bedeutende Schweizer Arzt und Tiefenpsychologe Carl Gustav Jung hielt den Standpunkt, daß Träume nur verdrängte Wunscherfüllungen seien, grundsätzlich für falsch und sagte, daß Träume außer der Darstellung von nicht erfüllten Wünschen und Befürchtungen auch unerbittliche Wahrheiten mitteilen können, philosophische Sentenzen, Illusionen, wilde Phantasien, Erinnerungen, Pläne, Antizipationen, ja sogar telepathische Visionen, irrationale Erlebnisse und vieles andere mehr, so wie eben auch jedes Erlebnis, das wir im Wachzustand haben, die Qualität eines vollständigen Erlebnisses besonderer Art hat und nicht auf einen bestimmten Teilaspekt reduziert werden kann, obwohl dieser in dem Erleben vielleicht durchaus mit enthalten ist.

Auch viele kreative Prozesse finden im Traum statt. Wir können auf glänzende Ideen kommen, über die wir im Wachbewußtsein lange vergeblich nachgegrübelt haben. Eine ganz amüsante Geschichte aus der modernen Zeit ist die, daß auch die Entdeckung der Nähmaschine im Traum gemacht wurde. Der USA-Industrielle Elias Howe (1819-1867) fand das Prinzip der selbständigen Führung des Fadens bei der Nähmaschine dadurch, daß er von Reitern träumte, deren Lanzen an der Spitze durchbohrt waren, und durch diese Löcher waren Schnüre gezogen, an denen die Wimpel hingen. Dadurch kam er auf die Idee, die Öhre, die sich bei gewöhnlichen Nähnadeln ja bekanntlich am Schaftende befinden, an der Spitze anzubringen, ein Prinzip, das das Maschinennähen erst ermöglicht. Nicht nur Wissenschaftler, Entdecker und Erfinder, sondern gerade auch Künstler wissen sehr häufig den Wert ihrer Träume für ihre Arbeit und ihre Produktivität durchaus zu schätzen. Wir werden später noch einmal darauf zurückkommen.

Der Traum ist die Sprache unseres Unbewußten, das in der Nacht, während wir schlafen, weiter unermüdlich tätig und wirksam ist, was, wie wir heute wissen, für unsere psychische Gesundheit und die Aufrechterhaltung unseres inneren Gleichgewichts unbedingt erforderlich ist. Da der Traum in Erlebnissen spricht und in Symbolen und nicht in einer bestimmten Landessprache, ist er die einzige uns bis heute verbliebene Universalsprache der Menschheit, die unabhängig von Herkunft und Nationalität von jedem verstanden werden könnte. Wenn auch die Inhalte unserer Träume durch unsere Umgebungskultur oder Zivilisation stark beeinflußt sind, so ist doch eine tiefere kollektive Schicht, die sich oft in mythologischen

Bildern ausdrückt, bei der gesamten Menschheit gleich, so wie wir auch auf der ganzen Welt immer wieder die gleichen Märchen- und Mythenmotive finden, die von der menschlichen kollektiven Phantasie zu verschiedenen Zeiten immer wieder neu in ähnlichen Kombinationen und Symbolen dargestellt worden sind. Es ist eine Sprache, deren Sinnbedeutung man verstehen kann, die aber bestimmt nicht einfach zu erlernen ist, für einen Deutschen sicher nicht leichter als das Erlernen der chinesischen Schriftsprache. Aber selbst wenn wir unsere Träume nicht verstehen, üben sie eine Wirkung auf uns aus, die wir dadurch, daß wir uns mit ihnen beschäftigen, steigern können, eine Beschäftigung, die uns Erkenntnisse und zusätzliche Erfahrungen zu vermitteln in der Lage ist.

Wir wissen heute mit Sicherheit, daß jeder Mensch in jeder Nacht mehrere Träume hat, da es der Psychologie durch experimentelle Untersuchungen in sogenannten Schlaflaboratorien gelungen ist, festzustellen, welche körperlichen Reaktionen während des Träumens im Schlaf auftreten. Das hervorstechendste Merkmal derartiger Traumphasen ist, daß im Schlaf unter den geschlossenen Augenlidern in dem Augenblick feinschlägige Augenbewegungen festzustellen sind, in dem ein Traum beginnt, und daß diese Bewegungen wieder aufhören, wenn der Traumvorgang beendet ist. Durch die Messung dieser und anderer körperlicher Reaktionen ist es gelungen, zu beweisen, daß auch die Menschen träumen, die von sich behaupten, sie hätten nie einen Traum gehabt, und daß die Traumtätigkeit zu den ständigen physiologischen Vorgängen unseres Körpers gehört und unabhängig von unserem Willen und unserer bewußten Steuerung im Schlaf immer vorhanden ist. Entzieht man einem Menschen diese Traumtätigkeit, das heißt, weckt man ihn jedesmal sofort auf, wenn eine derartige Traumphase eintritt, dann treten bei dem Betreffenden schwere psychische Gestörtheiten auf, die bis zu Zuständen gehen können, die einer Geisteskrankheit gleichen. Der erwachsene Mensch hat im Durchschnitt pro Nacht drei bis vier solcher Traumphasen und dementsprechend auch eine gleiche Anzahl von Träumen, an die er sich bei einem unmittelbaren Aufwecken nach Abschluß einer derartigen Phase auch erinnern kann. Im Verlauf des menschlichen Lebens schwanken diese Phasen etwas und verändern sich. Der höchste Anteil ist in der Kindheit zu finden und beträgt im Alter von vier Jahren 30 Prozent, um bis zum 20. Lebensjahr auf rund 25 Prozent zu sinken. Er bleibt dann relativ konstant bis in das Alter, und erst im Greisenalter, das heißt mit ca. 80 Jahren, sinkt der Anteil der Traumphasen im Schlaf auf etwa 20 Prozent. Das bedeutet also, daß wir etwa ein Viertel unserer Schlafzeit im Traum bzw. träumend verbringen und daß jeder, der sich darum bemüht und diesen Prozeß nicht gerade blockiert, über einen Teil dieser nächtlichen Erlebniswelt auch bewußt verfügen könnte.

Wie bereits erwähnt, haben frühere Zeitalter dem Traum eine erheblich höhere Bedeutung und Wichtigkeit zugemessen, als wir es heute tun. Dieses Phänomen finden wir auch bei den sogenannten Naturvölkern, die wir innerhalb der letzten hundert Jahre auf unserer Welt noch erforschen konnten. So benutzten die Indianerkulturen an der Westküste Nordamerikas ihre Träume bzw. Visionen unter anderem sogar als eine Art Berufsberatung. Diese Kulturen, die einen stark orgiastischen Zug hatten, trafen ihre Berufswahl in etwa folgender Weise: Der junge Mann wurde zunächst von seinen Angehörigen und seinem Stamm getrennt und allein in die umgebenden Wälder geschickt. Dort hatte er sich allerlei Kasteiungen und Fastenriten zu unterwerfen. Der Sinn dieser Übungen war der, zu einem großen Traum oder einer Vision zu kommen. Bei anderen Stämmen wurden weite Wanderungen durch Gelände unternommen, in welchem Gefahren drohten, oder man saß tagelang auf steil abfallenden Klippen. Unter allen Umständen mußte man aber alleine gehen, um zu der ersehnten Vision bzw. dem ersehnten großen Traum zu kommen, der dem Leben eine bestimmte Richtung geben sollte. Diejenigen Männer, denen keine Vision zuteil wurde, fürchteten für immer im Leben ein

Versager zu bleiben. Je nachdem, welchen Inhalt ein solches Traumerlebnis hatte, wurde der Lebensweg des Betreffenden in die entsprechende Richtung gelenkt: Bezog es sich auf Krankenheilung, so hatte man Heilkräfte damit erlangt, Kampf bedeutete die Berufung zum Krieger. Das Erscheinen der sogenannten Doppelfrau bestimmte den Betroffenen zum Transvestiten. Er zog dann Weiberkleider an und übernahm die Gewohnheiten und Arbeiten einer Frau. Das Erscheinen der mythischen Wasserschlange verlieh übernatürliche Kräfte des Bösen, und der Indianer, dem diese Vision zuteil wurde, zögerte nicht, Frau und Kinder zu verkaufen, um seine Ausbildung als Zauberer zu erschwingen.

Im Jahre 1636 berichteten Jesuiten von den Huronen: »Der Traum ist das Orakel, welches von allen diesen Völkern befragt und befolgt wird, der Prophet, welcher ihnen zukünftige Dinge voraussagt, die Kassandra, welche ihnen das Unglück ankündigt, was sie bedroht, der gewöhnliche Arzt für ihre Krankheiten, der Aeskulap und der Galen des ganzen Landes; er ist der absoluteste Herrscher, den sie haben. Wenn ein Häuptling auf der einen Seite befiehlt und ein Traum auf der anderen, so kann der Häuptling schreien, bis ihm der Kopf platzt, dem Traum wird zuerst gehorcht. Er ist ihr Merkur auf Reisen, ihr Ökonom in der Familie; der Traum leitet oft ihre Versammlungen; der Handel, der Fischfang, die Jagd werden gewöhnlich mit seiner Einwilligung unternommen und sind beinahe nur da, um ihn zufriedenzustellen; es gibt nichts, und sei es auch noch so kostbar, dessen sie sich nicht gern auf Grund irgendeines Traumes berauben ... Er ist wirklich der Hauptgott der Huronen.«

In Neuguinea, in Borneo und bei den Lenguas vom Großen Tschako ist nach Lévi-Bruhl die Wirklichkeit der Träume sogar so real, daß die im Traum begangenen Handlungen die Verantwortlichkeit ihrer Urheber nach sich ziehen und diese deswegen zur Rechenschaft gezogen werden können. Das geht so weit, daß der Mensch für das verantwortlich ist, was er im Traum eines anderen getan hat. So wird zum Beispiel berichtet: »In Muka (Borneo) traf ich Janela. ... Er gab mir als Grund seines Kommens an, daß seine Tochter in Luei mit einer Buße belegt werden sollte, weil ihr Mann geträumt hatte, daß sie ihm untreu war. Janela hatte seine Tochter mitgenommen.«

Das sind Dinge, die für unsere Ohren ganz unvorstellbar klingen, und ein durchschnittlicher, aufgeklärter Europäer kann sich kaum vorstellen, wie eine Kultur funktionieren soll, in der man nicht nur für das verantwortlich ist, was man in seinen eigenen Träumen begeht, sondern auch für das, was man in den Träumen anderer Menschen tut. Die Voraussetzung, von der diese Menschen ausgehen, ist die , daß die Seele im Traume wandert, sich in die Psyche eines anderen begeben und dort sozusagen eigenverantwortlich handeln kann. Jeder Mitteleuropäer, dessen Denken Jahrtausende lang von Privatbesitz, Geld, Macht und Konkurrenzstreben beherrscht ist und in dessen Psyche Neid, Mißgunst, Gier und Egoismus eine große Rolle spielen, weshalb, wie es bereits ein römischer Komödiendichter ausdrückte, der Mensch des Menschen Wolf ist, muß annehmen, daß sich eine Gruppe von Menschen, bei denen solche Traumverantwortlichkeiten bestehen, in kürzester Zeit zerfleischt und zerstört. Das ist aber keineswegs der Fall gewesen, sondern diese Kulturen haben durchaus friedlich existiert, oft viel friedlicher und toleranter als wir, und sind erst durch uns zerstört worden. Es hat allerdings auch in der Frühzeit unserer Kultur, zu einer Zeit, als sie schon die heutigen gesellschaftlichen Grundstrukturen hatte, einen Versuch gegeben, auf der Ebene dieser Vorstellungswelt einen Prozeß zu führen. Im Jahre 300 vor unserer Zeit verklagte in Athen eine Hetäre einen jungen Mann, daß er ihr den gewohnten Lohn zahlen solle, weil er von ihr geträumt und im Traum seine Befriedigung erfahren habe. Der Richter urteilte, daß der Jüngling ihr das Geld bringen müsse, sie es aber nicht nehmen, sondern nur ihre Hände nach dem Schatten des Geldes ausstrecken dürfe; denn da der Beklagte nur den Schatten der Klägerin erhalten habe, könne auch die Klägerin nur den Schatten der Entlohnung verlangen. Die berühmte Hetäre Lamia, die ebenfalls zu dieser Zeit lebte, eine Geliebte des Generals Poliorketes, der Athen eroberte, gab einen ganz logischen Kommentar zu diesem Spruch ab. Sie wies nämlich dieses salomonische Urteil als ungerecht zurück, da der Jüngling seine Befriedigung durch den Traum, die Hetäre aber nicht die ihre durch das Geld erhalten habe.

Alle diese Vorstellungen beruhen auf dem Glauben, daß unsere Seele eine Art feinstofflicher Natur besitze, während des Schlafes den Körper verlassen könne und sich in die Psyche eines anderen zu begeben in der Lage sei. Insbesondere auch die Verstorbenen besäßen diese Fähigkeit, was ja dadurch bewiesen sei, daß Verstorbene in den Träumen auftreten könnten. So beschreibt noch im 15. Jahrhundert der damals weltberühmte Gelehrte Agrippa von Nettesheim, ein Zeitgenosse des Paracelsus, daß die Luft die Gestalt aller natürlichen und künstlichen Gegenstände aufnehme sowie die Laute jeglicher Rede und diese wie ein göttlicher Spiegel festhalte. Diese Inhalte könne sie in die Körper der Menschen und Tiere durch die Poren eintreten lassen, und sie gebe ihnen diese Bilder nicht nur im Schlafe, sondern auch in wachem Zustande ein, und so sei die Luft auch der Anlaß zu verschiedenen wunderbaren Träumen, Ahnungen und Weissagungen. Hierher gehört auch der heute noch sehr weit verbreitete Glaube, daß es ganz bestimmte Stätten gebe, an denen man ungewöhnliche Träume habe, weil sie entweder besonders heilig oder mit einer besonderen Kraft aufgeladen oder besonders verrucht seien.

Ein Beispiel hierfür ist das im Altertum weltberühmte Heiligtum von Epidaurus in Griechenland, das für besonders geeignet gehalten wurde, bei den dort schlafenden kranken Menschen heilende Träume hervorzurufen. Ein Volksglaube wie dieser hängt natürlich wissenschaftlich völlig in der Luft, einfach deswegen, weil es darüber keinerlei Untersuchungen gibt und diese auch wegen des erheblichen subjektiven Faktors, der dabei kaum auszuschalten ist, praktisch nicht durchführbar erscheinen. So läßt sich von seiten der Wissenschaft einfach nicht nachweisen, inwieweit an derartigen Vorstellungen von Naturvölkern oder früheren Kulturen etwas Wahres ist oder nicht, sondern es ist eine reine Glaubensfrage.

Die heutige Wissenschaft vom Traum muß sich darauf beschränken, das zu beobachtende und zu erfassende Material aufzuzeichnen sowie sich Hypothesen über dessen Zustandekommen zu bilden. Hypothesen sind theoretische Denkmodelle oder Annahmen, deren Richtigkeit dadurch bestätigt wird, daß sich auf ihnen ein logisches System aufbauen läßt und daß sie praktikabel sind, das heißt, daß wir mit ihnen bestimmte, voraussehbare Ergebnisse erzielen können. Die moderne Tiefenpsychologie arbeitet innerhalb ihrer verschiedenen Schulrichtungen mit einer ganzen Reihe von derartigen Hypothesen, die ihre gültige Anwendbarkeit sowohl in den verschiedenen wissenschaftlichen Schulsystemen als auch im Erfolg therapeutischer Maßnahmen bei der Behandlung von seelischen Krankheiten erweisen.

Eine Grundannahme, die wohl allen Schulen gemeinsam ist, ist in der heutigen Zeit die, daß die Träume nicht von außen kommen und in den Schlafenden hineinschlüpfen, wie es in früheren Zeiten angenommen wurde, sondern daß sie ein Ausdruck innerseelischer Prozesse sind, die im Schlaf weitergehen. Natürlich ist auch diese Annahme nur bedingt, denn das Außen und das Innen, das wir in den psychischen Prozessen finden, stehen immer in irgendeiner Beziehung zueinander. So sind wir natürlich auch heute noch der Ansicht, daß die meisten Träume durch einen äußeren Anlaß zustande kommen, das heißt, irgendein während des Wachbewußtseins aufgenommenes sinnliches Erlebnis wird während der Nacht im Traum weiter verarbeitet. Dieses sinnlich vorausgegangene Erlebnis braucht keineswegs bewußt wahrgenommen worden zu sein. Das menschliche Bewußtsein ist in wachem Zustand dadurch ausgezeichnet, daß es sich auf bestimmte Sektoren der Realität konzentriert und andere unter Umständen gar nicht wahrnimmt. Das Wachbewußtsein betreibt also eine Auswahl unter all den sinnlichen Eindrücken, die ihm zur Verfügung stehen. Das ist auch nicht anders möglich, denn wenn wir all das aufnehmen würden, was wir grundsätzlich sinnlich aufnehmen könnten, und zwar bewußt, würde in unserem Bewußtsein eine Überschwemmung von Eindrücken stattfinden, die uns total verwirren würde. Das besagt aber nicht, daß wir nur das wahrnehmen, was wir mit dem Bewußtsein wahrnehmen, sondern es ist vielmehr so, daß wir fortlaufend neben den bewußten Wahrnehmungen eine Unzahl von unbewußten Wahrnehmungen machen und das menschliche Unbewußte eine viel größere Breite und Aufnahmefähigkeit besitzt als das Bewußtsein, wenn es nicht sogar die Totalität alles Wahrnehmbaren in sich speichert.

Ein einfaches Beispiel dafür wäre etwa, daß wir, wenn wir eine Straße mit blühenden Bäumen entlanggehen und uns an ihrer Blütenpracht erfreuen und auf diese bevorzugt achten, kaum gleichzeitig die Bauweise und die Art der Fassaden der Häuser sowie die Beschaffenheit des Pflasters wahrnehmen können. Fragt man uns hinterher nach einem derartigen Detail, so werden wir mit Recht antworten, daß wir darauf nicht geachtet hätten und das nicht wüßten. Machen wir uns aber die Mühe und versetzen uns in einen meditativen Zustand, in welchem wir im Geist die gleiche Straße noch einmal entlanggehen und unsere Aufmerksamkeit jetzt nicht nur auf die Blüten der Bäume, sondern auch auf das Pflaster und die Fassaden der Häuser richten, so werden wir feststellen können, daß wir auch diese Eindrücke sehr wohl aufgenommen haben und Angaben darüber machen können. Das gleiche kann uns in einem Traum geschehen, nämlich daß wir diese Straße noch einmal hinuntergehen und jetzt auf einmal ganz andere Dinge sehen, von denen wir eventuell nachher feststellen können, daß diese auch in der

Realität vorhanden sind, obwohl wir sie bei unserem Spaziergang mit dem Bewußtsein gar nicht wahrgenommen haben.

Es ist sogar charakteristisch für das Unbewußte, daß es sich im Traum gerade mit jenen sinnlichen Eindrücken und den durch sie ausgelösten Gefühlen und Affekten auseinandersetzt, die das Wachbewußtsein übergangen hat, deren Wahrnehmung und Verarbeitung aber für das gesunde Funktionieren der Psyche notwendig ist. Allerdings dient dieser äußere Eindruck nur als eine Art Auslöser zur Darstellung und Verarbeitung der für das Individuum wichtigen seelischen Probleme. Hierbei handelt es sich keineswegs immer nur um aktuelle oder vergangene Konflikte und Probleme, die man beiseite geschoben, unterdrückt oder verdrängt hat. Das Unbewußte, das ja in gewissem Sinne die Mutter des Bewußtseins ist, insofern dieses erst aus jenem entsteht, bringt insbesondere in den sogenannten Schwellensituationen des Lebens, in denen wir von einem Reifezustand in den anderen übergehen, wie Kindheit, Schule, Pubertät, Einordnung in die Arbeitswelt, Überschreiten der Lebensmitte und Herannahen des Alters und des Todes, Symbolentwürfe für ein entsprechend geändertes Bewußtsein. Es handelt sich dabei also um Neuerscheinungen bzw. Neugestaltungen, die die notwendigen inneren und äußeren Anpassungsvorgänge an eine veränderte Lebenssituation und Bewußtseinshaltung unterstützen. Hierbei entwickelt die menschliche Psyche eine bild- und erlebniserzeugende Fähigkeit, die in symbolischer Form, das heißt in der vorher erwähnten Sprache des Unbewußten, der seelischen Energie, die aus unseren Trieben stammt, eine entsprechende Richtung gibt.

Wir können mit unserem Unbewußten in Harmonie leben und unser Leben unter sorgfältiger Beachtung dessen, was aus unserem Unbewußten zu uns spricht, gestalten. Ich würde diese Einstellung und Lebensführung als eine religiöse in weitestem Sinne bezeichnen, insofern nämlich das Wort religio, das aus dem Lateinischen kommt, mit sorgfältiger Berücksichtigung oder mit Rückbindung übersetzt werden kann. Diese Haltung schließt als echtes religiöses Element auch den Glauben und das Vertrauen auf die Stimme in uns ein und äußert sich darin, daß wir unser Leben mit dieser inneren Stimme in Einklang bringen. Glauben und Vertrauen aber sind die Grundlage jeglicher menschlichen Lebensführung, und ohne irgendeine Glaubensgrundlage kann kein Mensch existieren, denn selbst der Zyniker, wie der spanische Philosoph Ortega y Gasset es einmal ausgedrückt hat, der vorgibt, an nichts zu glauben, muß daran glauben, daß er nichts glaubt, sonst würde er sich selber das Fundament seiner Weltanschauung zerstören. Wenn wir unserer eigenen inneren Natur und dem Geist, der aus ihr spricht, keinen Glauben und kein Vertrauen mehr schenken können, sondern uns in einer bewußten Abspaltung von diesen Quellen unserer Innenwelt orientieren, werden wir sicher nicht mehr lange brauchen, bis wir diese Welt zerstört haben, uns selber einbegriffen.

Wir sind leider in der Lage, durch fehlgeleitete Orientierungen im Bewußtsein, durch Selbstsucht, übermäßiges Haben- oder Geltenwollen oder anderes mehr uns von unseren eigentlichen inneren menschlichen Bedürfnissen weitgehend zu entfremden und in einen heftigen Konflikt zu unserem Unbewußten zu geraten, das sich dann oft verzweifelt bemüht, unserer fehlgeleiteten Bewußtseinsrichtung, die uns in Neurosen oder Psychosen führt, entgegenzusteuern. Ein Beispiel hierfür wäre der Fall eines seelisch sehr schwer erkrankten Kaufmanns, der sein ganzes Leben in Hetze und Sucht nach Anhäufung von immer mehr materiellen Gütern verbracht hatte und der unter einer Ideologie von absoluter Härte und Durchsetzungsfähigkeit alle seine menschlichen, gefühlshaften und weicheren Seiten unterdrückt hatte. Er hatte einen sehr erschrekkenden, beängstigenden, immer wiederkehrenden Wiederholungstraum, in dem er vor einem übermächtigen Verfolger gehetzt und außer Atem über Hausdächer aus Glas floh, unter denen sich ein brodelndes Meer von glühendem Metall befand.

Plötzlich brach das Glas an einer Stelle, und er stürzte auf die Glutmasse zu, bis er schreiend und schweißgebadet erwachte. Der Traum zeigt deutlich, wie destruktiv und vernichtend die unter ihm liegende, in dem glühenden Metallfeuer symbolisierte Energie des Unbewußten auf seiner dauernden Flucht vor sich selbst geworden ist. Fast könnte man nachdenklich sagen, daß es vielleicht gar nicht so schlecht wäre, wenn er den Mut zu dem Risiko besäße, sich in dieses Feuer fallen zu lassen, das ihn dann, wenn es gut ginge, umschmelzen würde, denn er würde daraus in verjüngter und verbesserter Gestalt hervorgehen wie die drei Jünglinge im Feuerofen in der Bibel. Das ist aber sicher in diesem Falle zu optimistisch gesehen, da die Chance, daß eine solche gewaltsame Lösung gut ausgeht, außerordentlich gering ist und genauso wie in der erwähnten biblischen Geschichte von Daniel so etwas wie ein Wunder erfordern würde.

Eine ähnliche, aber weit harmlosere Entfremdung zeigte sich in den Träumen eines suchtgefährdeten Patienten, der zunächst eine Serie von Träumen hatte, in denen er von einem sehr robusten, vitalen, übermäßig starken und rücksichtslosen Mann behindert oder niedergeschlagen wurde. Auch hier war es so, daß dieser Mensch in seiner süchtigen Haltung sich selber auswich, sich durch kleinliche Ängste an seinem eigentlichen Leben und seinen eigentlichen Bedürfnissen verhindern ließ, und dementsprechend wendete sich die ganze Vitalität und Kraft seiner unbewußten Energie gegen ihn. Im weiteren Verlaufe seiner Behandlung und mit zunehmender Besserung seiner Problematik und Änderung seiner Lebensführung wurde dann in seinen Träumen die gleiche Figur, die immer wieder in ähnlicher Form, wenn auch in verschiedenem Gewand auftrat, zu einem Helfer in schwierigen Situationen, denen sich das bewußte Ich des Patienten eigentlich noch gar nicht recht gewachsen fühlte und die es dann zu seiner eigenen Überraschung recht gut bewältigte.

An diesem Beispiel ist sehr gut zu sehen, wie sich im Laufe eines seelischen Entwicklungsprozesses die Entfremdung und der Konfliktzustand zwischen dem Bewußtsein und dem Unbewußten allmählich wandelt und die bedrohlichen und beängstigenden Träume verschwinden zugunsten einer Hilfestellung aus der eigenen Innenwelt. Wenn auch die analytische Traumdeutung, worauf wir im späteren noch zu sprechen kommen werden, einem entsprechend geschulten Analytiker vorbehalten werden sollte und es meist negative Auswirkungen hat, wenn man seine eigenen Träume theoretisch zu deuten versucht, so kann doch immerhin auch jeder Laie sich eine Faustregel merken: Wenn ich besonders bedrückende, beängstigende, destruktive oder negativistische Träume habe, dann stimmt meist irgend etwas nicht in meiner Bewußtseinseinstellung, und ich muß mir überlegen, ob ich in meinem Leben etwas ändern muß und andere Erlebnis- und Verhaltensweisen benötige bzw. suchen muß als die, die ich bisher zur Bewältigung meines Lebens benutzt habe.

WIE STELLT MAN EINE BEZIEHUNG ZU SEINEN TRÄUMEN HER?

Es gibt viele Menschen, die von sich behaupten, daß sie keine Träume hätten oder sich Träume nicht merken könnten. Daß das erstere auf keinen Fall stimmen kann, haben wir bereits früher festgestellt. Das letztere dagegen ist ein schwierigeres, nicht immer nur technisches, sondern oft auch psychologisches Problem. Gehen wir zunächst auf das psychologische Problem ein, das wir an dieser Stelle nur einfach und im grundsätzlichen behandeln können, da alle differenzierteren Ausführungen darüber in die Theorie und Methodik einer Analyse gehören. Die Sperre, sich seine Träume merken zu können, oder die Meinung, überhaupt nicht zu träumen, beruht immer auf einer Abwehr des Unbewußten durch das bewußte Ich, einer Abwehr, hinter der in der Regel eine Angst steckt. Das Unbewußte produziert ja gewöhnlich Inhalte, die der Bewußtseinseinstellung des betreffenden Menschen entgegengesetzt sind, zu ihr nicht passen oder sehr andersartig erscheinen. Von daher haben viele Menschen einfach gefühlsmäßig den Eindruck, daß das Unbewußte eine Art Unterwelt ist, ein Hades, wie es auch Freud in seinem Traumbuch bezeichnet hat, aus dem heraus eigentlich nur Unangenehmes, Störendes, Peinliches oder Beunruhigendes kommen kann. So kommt es dann zu der so weitverbreiteten Fehlbezeichnung des Unbewußten als »Unterbewußtem«, was eben auf diese Unterwelt hindeutet. Je stärker konstrastierend die unbewußten Inhalte für das Bewußtsein sind, desto mehr Angst erzeugen sie natürlich, und um so mehr neigt der betreffende Mensch dazu, sie abzuwehren. Meist bauen sich dann die Menschen, die nicht träumen, über ihre Angst eine sogenannte Rationalisierung auf, das heißt, sie können weder sich selbst noch anderen zugeben, daß sie eigentlich vor ihrer eigenen Innenwelt Angst haben und diese nicht an sich herankommen lassen wollen, sondern sie »erfinden« scheinbar einleuchtende Gründe für diesen Mangel an Träumen. Häufige derartige Argumente sind: Man kann ja doch nichts damit anfangen – das ist alles viel zu versponnen – wozu soll ich mir den Unsinn merken, wenn ich ihn doch nicht verstehe – es kommt mir albern vor, mich damit zu beschäftigen.

Durch diese aus der Angst geborene Abwehr der Traumwelt begeben sich diese Menschen aber auch der produktiven und nützlichen Seite der Träume, die in der Lage sind, ihre bewußte Einstellung zu kompensieren, und damit dazu beitragen könnten, daß ihr inneres Gleichgewicht besser und ausgewogener wird. Das kann auch geschehen, ohne daß man die Träume deutet oder rational versteht, denn sie üben infolge ihrer starken gefühlsmäßigen Komponenten eine Wirkung auf das Bewußtsein aus.

Natürlich gibt es auf der anderen Seite auch Situationen im menschlichen Leben, in denen die bewußte Einstellung ausgewogen oder auf die Lösung einer bestimmten Aufgabe hin konzentriert ist, so daß man die Träume nicht braucht oder sie tatsächlich einen Störfaktor darstellen, der zur Bewältigung einer bestimmten psychischen Situation bei einem im Umgang mit Träumen ungeschulten Menschen besser ausgeschaltet wird. Es ist auch keineswegs immer richtig, solche psychologisch bedingten Traumsperren gewaltsam aufheben zu wollen. Das Bewußtsein könnte dadurch mit Inhalten überschwemmt werden, mit denen es schließlich nicht mehr fertig wird und die es nicht verarbeiten kann. Ein solches Ereignis tritt häufig bei sogenannten Selbstanalysen oder bei gegenseitigen Analysen von Menschen auf, die nur einmal über Träume etwas Theoretisches gelesen haben und nie praktisch mit Neurosen oder Charakterstrukturveränderungen gearbeitet haben, und es ist dann in einer späteren Analyse oft sehr schwierig, diese Situation wieder zu bereinigen. Man sollte sich also auf jeden Fall hüten, sowohl an das eigene als auch an ein fremdes Unbewußtes in der Haltung des goetheschen Zauberlehrlings heranzugehen und leichtsinnig einen Prozeß in Gang zu setzen, den man nachher nicht mehr steuern kann. Wer deutliche Schwierigkeiten hat, einen Zugang zu seinen Träumen zu finden oder mit ihnen zurechtzukommen, sollte besser von diesem Unternehmen abstehen oder sich in analytische Behandlung begeben.

Für diejenigen Menschen aber, die mit ihren Träumen etwas anfangen können, ohne sie theoretisch deuten zu müssen, und die auch ihre nächtliche Erlebniswelt mit in ihr Leben einbeziehen können und wollen, gibt es eine Reihe von Möglichkeiten und Hinweisen, wie das am besten geschehen kann. Die Herstellung einer Beziehung zu den eigenen Träumen und zum eigenen Unbewußten kann man durchaus als eine Kunst oder vielleicht besser mit dem englischen Ausdruck »skill« bezeichnen, der nicht ganz übersetzbar ist, sondern so etwas wie Kunstfertigkeit, Geschicklichkeit, Erfahrenheit, Kenntnis oder Fertigkeit bedeutet. Wichtig ist hierfür vor allen Dingen ein geduldiges Abwartenkönnen, denn wie es schon Goethe ausgedrückt hat: »Geheimnisvoll am lichten Tag läßt sich Natur des Schleiers nicht berauben, und was sie dir nicht offenbaren mag, das zwingst du ihr nicht ab mit Hebeln und mit Schrauben.«

Hinzu kommen gewisse praktisch-technische Methoden und die Fähigkeit, Vorurteile beiseite zu legen und leichtere Widerstände flexibel zu überwinden, wobei man sich vor den vorher beschriebenen Gefahren natürlich hüten soll. Man kann sich nicht dazu zwingen, seine Träume zu behalten, aber man kann auf eine innere Haltung hinarbeiten, die es einem ermöglicht, daß Träume bewußt werden und das Bewußtsein sie auch festhalten kann. Zu dieser Haltung gehören eine vorurteilslose Offenheit gegenüber der eigenen Innenwelt und die Zuwendung eines lebendigen Interesses an ihre Phänomene. Sokrates hat einmal gesagt, daß das Sich-Wundern der Beginn jeder Philosophie und damit jeder menschlichen Erkenntnis sei. So können wir anfangen, uns verwundert zu fragen, was für eine Rolle unsere Träume in unserem persönlichen Leben eigentlich spielen und was der Träumer unserer Träume, der sich in uns befindet, uns durch sie mitteilen möchte.

Es ist auch notwendig, einen gewissen Zeitaufwand in die Beschäftigung mit den eigenen Träumen zu investieren, einen Zeitaufwand, der sich häufig zunächst gar nicht zu lohnen scheint, da vielfach die Träume erst einmal sehr nichtssagend, alltäglich und trivial zu sein scheinen. Erst wenn man es lernt, auch im Trivialen das Wunderbare und Erstaunliche zu sehen, wird man wirklich von dieser Beschäftigung mit dem eigenen Innern etwas haben können. Nach der indischen Philosophie kann man in der Meditation über ein gewöhnliches Sandkorn die Welt erkennen, und bis Newton erschien es allen Menschen außerordentlich trivial, daß die Äpfel von den Bäumen nach unten fielen und nicht nach oben. Erst die Fähigkeit Newtons, sich darüber zu wundern, brachte ihn zur Entdeckung der Fallgesetze, die bis heute zu den Grundlagen unserer Physik gehören.

Obwohl die Träume eine allnächtlich immer wieder auftauchende psychische Realität in unserem Leben darstellen, entziehen sie sich im allgemeinen einer direkten Beobachtung, denn solange wir träumen, sind wir uns dieses Zustandes nicht bewußt. Wir können Träume lediglich nach dem Erwachen wieder in unsere Erinnerung zurückrufen, und wir befinden uns in der Situation eines Reisenden, der nicht in der Lage war, unterwegs ein Reisetagebuch zu führen, sondern sich nach der Rückkehr von seiner Reise an einzelne Erlebnisse sehr deutlich und lebendig erinnert, an andere wieder nur undeutlich und verschwommen, und wieder andere völlig vergessen hat. Das Erinnern der Träume stellt also nicht eine direkte und unmittelbare Leistung unserer Wahrnehmungsfähigkeit dar, sondern ist eine Leistung unseres Gedächtnisses. Neben sehr beeindruckenden Träumen, nach denen es uns beim Aufwachen schwerfällt, uns wieder in der Realität zurechtzufinden, und von denen wir manchmal nur mühsam feststellen: Das war »nur ein Traum« – stehen Träume, an die wir uns nach dem Aufwachen kaum oder gar nicht erinnern und die uns manchmal nur undeutlich wieder einfallen, wenn im Laufe des Tages irgendein Auslöser uns an diesen Traum erinnert.

Das letztere ist eigentlich das Allgemeinere und das sehr

viel Häufigere. Oft wissen wir noch etwas von dem Traum, wenn wir morgens beim Erwachen die Augen aufschlagen und anfangen, uns wieder in der Realtität zurechtzufinden; aber schon wenn wir aus dem Bett aufgestanden sind, ist diese Erinnerung meist weggerutscht und verschwunden, und sosehr man sich dann auch bemühen mag, es will einem einfach nicht mehr einfallen, was man geträumt hat und eben wenige Minuten vorher noch wußte. Der Traum ist also im Gegensatz zu einer Tagesphantasie, an die man sich relativ leicht wieder erinnern kann, ein sehr flüchtiges Phänomen, das üblicherweise schwer einzufangen ist. Natürlich gibt es hiervon auch Ausnahmen. Es gibt Träume, an die man sich leicht erinnert und die auch sehr lange und intensiv in unserem Gedächtnis verbleiben, und es gibt Menschen, die sich sehr leicht und häufig an ihre Träume erinnern; aber in der Regel herrscht doch bei den meisten die Flüchtigkeit dieses Phänomens vor.

Infolge dieser Flüchtigkeit des Traumphänomens ist es also wichtig, zunächst einmal Träume sofort festzuhalten, solange sie noch in unserer Erinnerung sind. Da schon der reine einfache Vorgang des Aufstehens aus dem Bett dazu führt, daß man sich an den Traum nicht mehr erinnert, ist es empfehlenswert, sich einen Bleistift und Papier an sein Bett zu legen und bereits am Abend vorher beim Einschlafen sich vorzunehmen, Notizen über den erinnerten Traum zu machen. Es genügt oft, daß man sich ein paar Stichworte über den Traum aufschreibt und nicht den ganzen Text gleich nach dem Aufwachen niederschreibt, da bei vielen Menschen oft schon ein einziges wichtiges Detail eines Traumes ausreicht, sich allmählich wieder an den ganzen Traum zu erinnern. Die moderne Technik hat uns auch Tonbandgeräte beschert, und so kann man auch diese benutzen, um die »Notizen« über den Traum beim Aufwachen zu diktieren, anstatt sie aufzuschreiben.

In den Schlaflaboratorien werden die Versuchspersonen mehrfach während der Nacht geweckt, sobald die schnellen

Augenbewegungen auftreten, die einen Traumzustand anzeigen, und man erhält dadurch mehrere Träume während der ganzen Nachtperiode. So wird denn auch von einigen Analytikern die Empfehlung gegeben, Träume auch während eines nächtlichen Aufwachens aufzuschreiben, bevor man wieder einschläft, um damit eine Vielzahl von Traumerlebnissen ins Bewußtsein zu bringen.

Die Forschungen aber, die mit erkrankten Patienten in solchen Traumlaboratorien durchgeführt worden sind, haben nun keineswegs ergeben, daß die Quantität der Erinnerungen an Träume den Heilungsprozeß beschleunige und man durch möglichst viel Träumen bessere therapeutische Resultate erhalten könne. Das ist auch naheliegend, denn das bewußte Ich, das motiviert ist, seine Träume zu behalten, arbeitet mit einer in der Natur sehr sinnvollen Ökonomie, indem es nicht mehr aufnimmt, als es auch wirklich verarbeiten kann. Wir treffen auch während des Tages mit unserer Wahrnehmung, sofern wir nur irgend dazu in der Lage sind, eine Auswahl der auf uns einwirkenden Sinnenreize, um von diesen nicht überschwemmt zu werden. Ich halte daher nicht allzuviel von der Empfehlung, sich möglichst alle Träume einer Nacht zu merken und auch während eines kurzen nächtlichen Aufwachens die Träume aufzuschreiben, sondern ich bin mehr für den natürlichen Weg. Das, was man nach dem morgendlichen Aufwachen trotz einer gewissen Bemühung nicht mehr an Traummaterial erinnern kann, sollte man besser zunächst im Unbewußten belassen und der eigenen inneren Natur soweit vertrauen, daß sie es schon wiederbringen wird, wenn es für das Bewußtsein wirklich wichtig sein sollte.

Wenn man sich nun morgens nach dem Aufwachen seine Träume merken will, dann ist es empfehlenswert, den Übergang vom Schlaf zum Wachzustand nicht abrupt zu gestalten, sondern sich schon an dieser Stelle eine gewisse Zeit für den Übergang zwischen diesen beiden inneren Zuständen zu nehmen. Sofern man nicht die Tendenz hat, dabei sofort wieder fest einzuschlafen, ist es empfehlenswert, nach dem Aufwachen in derselben Stellung, in der man erwacht ist, ruhig im Bett liegenzubleiben und die Augen noch einmal zu schließen, während man versucht, sich zu erinnern, ob einem ein Traum einfällt oder nicht. Menschen, die mit dem Aufschlagen der Augen oder dem Schrillen des Weckers sofort aus dem Bett springen, werden meist ihre Träume vergessen. Wenn man aber in der angegebenen Weise überlegt, wird einem häufig ein Stück des Traumes einfallen, und je länger man sich mit diesem Stück beschäftigt, um so mehr Einzelheiten werden davon deutlich und desto mehr andere Anteile des gesamten Traumes kommen in die Erinnerung. Wie ich in einem späteren Kapitel noch ausführen werde, gleicht der übliche Traum durchaus dem Ablauf eines Dramas, wie wir es auf der Bühne zu sehen bekommen, und hat meist seine inneren Zusammenhänge. Von der Gesamtheit dieses Traumerlebnisses werden allerdings beim Aufwachen oft nur Bruchstücke erinnert, und diese Traumfragmente werden dann häufig fälschlich für den ganzen Traum angesehen. So berichten Patienten häufig im Beginn einer analytischen Behandlung Traumfragmente, die etwa so aussehen können: »Hab einen Vogel gesehen. – Dann war ich in einem Zimmer mit meiner Mutter. – Dann bin ich mit dem Auto gefahren.« Erst mit der zunehmenden Übung in Introspektion und Introversion erwerben diese Patienten dann die Fähigkeit, nicht mehr nur die Fragmente zu behalten, sondern den ganzen Traum. Es bleibt allerdings für den Traum charakteristisch, die Schauplätze der Handlung und die Personen, die vorkommen, relativ abrupt zu wechseln. Selbst Fachleute, die sich mit der Kunst oder dem »skill«, die Träume möglichst vollständig in Erinnerung zu rufen, wenig beschäftigen, halten fälschlicherweise oft die Traumfragmente für die eigentlichen Träume und sind der Ansicht, daß nur bestimmte typische Persönlichkeiten längere und zusammenhängende Träume haben oder daß es womöglich an der analytischen Schulrichtung liege, wenn Patienten zusammenhängende und farbige Traumerlebnisse produzieren. Es liegt nicht daran, sondern einfach an der Interessenzuwendung und am allmählichen Erwerb dieser Fähigkeit durch den Patienten (was natürlich keineswegs bei jedem gelingt), zusammenhängende Traumerlebnisse zu erhalten. Es ist auch hypothetisch sehr unwahrscheinlich, daß unsere nächtliche Seelentätigkeit uns lediglich mit Bruchstücken bombardiert, sondern es ist viel wahrscheinlicher, daß wir vollständige Traumerlebnisse haben und es ein Problem der Schulung unseres Gedächtnisses und unserer Merkfähigkeit ist, wieviel wir davon behalten und wieviel nicht.

Wir haben oft beim Aufwachen das irritierende Gefühl, daß der Traum, den wir erinnern, nicht ganz mit dem übereinstimmt, was wir wirklich in der Nacht geträumt haben. Wir fangen dann auch oft an, unsere eigenen Einfälle aus dem Wachbewußtsein in den Traum hineinzumischen, und haben Schwierigkeiten, zu unterscheiden: Was ist nun eigentlich Traum gewesen, und was ist mir jetzt nach dem Aufwachen dazu eingefallen? Auch in diesem Fall ist die Traummeditation nach dem Aufwachen das beste Mittel. Wenn wir uns sorgfältig die einzelnen Ereignisse des Traumes wieder ins Gedächtnis rufen und über sie meditieren, sind wir in der Regel auch in der Lage, zu unterscheiden, was wir geträumt haben und was uns zu dem Traummotiv eingefallen ist, nachdem wir erwacht sind. Der größte Feind dieser Traummeditation am Morgen ist die Leistungsorientiertheit auf den kommenden Tag hin, die in unserer Gesellschaft so ausgeprägt ist. Der erste Gedanke, den wir meist morgens beim Aufwachen haben, geht in Richtung dessen, was wir an dem betreffenden Tag zu erledigen haben und was uns bevorsteht. Diese Gedanken drängen sich unwillkürlich auf, und wir müssen es erst allmählich wieder lernen, von ihnen wegzukommen und es zur Gewohnheit werden zu lassen, zunächst die Nacht ausklingen zu lassen, ehe wir an den Tag zu denken beginnen. Dazu braucht man, wie gesagt, Zeit. Aber für denjenigen, dem seine Träume wirklich wichtig sind und dem es auch wichtig ist, den Tag nicht gleich mit einem gehetzten Aufstehen zu beginnen, wird es bestimmt möglich sein, eine gewisse individuell variierende Zeit zwischen Aufwachen und Aufstehen einzuräumen. Wie es auch in jeder Meditationspraxis empfohlen wird, ist es sinnlos, sich aufdrängende Gedanken gewaltsam wegzuschieben, sondern auch hier soll man eine gewisse Flexibilität der Psyche ausnutzen. Ehe wir es erreicht haben, uns nicht gleich auf die anstehenden Erfordernisse und Verpflichtungen des Tages zu konzentrieren, sollten wir derartige Gedanken ruhig immer für kurze Zeit zulassen und dann wieder zu der Meditation des Trauminhaltes zurückkehren und dort so lange verweilen, bis die andrängenden Gedanken wieder so störend werden, daß wir sie erneut zulassen müssen, uns wieder einige Zeit mit ihnen beschäftigen, dann wieder zum Traum zurückkehren und so fort. Trainiert man dieses Verfahren für eine geraume Zeit, dann wird man bald merken, daß die störenden Gedanken seltener werden und allmählich ganz verschwinden und man die Fähigkeit erwirbt, sich auch über längere Zeit auf die Erinnerung des Traumes zu konzentrieren. Man sollte dieses Verfahren auch dann anwenden, wenn man keinen Traum erinnert oder wenn man sich nur dunkel daran erinnert, daß man geträumt hat, aber nicht weiß, was und dieses Was auch nicht in der Meditation wieder bewußt machen kann. Es steht sich ganz einfach entschieden besser auf, und man geht mit einer wesentlich ausgeglicheneren Stimmungslage in den Tag hinein, wenn man seiner Seele Zeit läßt, allmählich aus einem Zustand in den anderen hinüberzuwechseln.

Wir haben alle ganz bestimmte Schlafpositionen, die wir in der Regel im Laufe der Nacht mehrfach wechseln. Es gibt kaum einen Menschen, der sich in einer bestimmten Lage abends hinlegt, die ganze Nacht hindurch in dieser Position ruhig schläft und am Morgen in der gleichen wieder aufwacht. In der Regel bildet sich bei jedem schon eine bestimmte Einschlafposition aus, die er vor dem Einschlafen einnimmt und die er genau kennt. Obwohl die Wechsel unserer Lage im Bett während der

Nacht und während des Schlafes in der Regel nicht bewußt aufgenommen werden, sind uns diese doch weitgehend bekannt, schon dadurch, daß wir in diesen verschiedenen Positionen aufwachen. Es kommt hinzu, daß wir einen ganz bestimmten, gefühlsmäßigen Eindruck davon haben, in welcher Körperlage wir schlafen können und in welcher nicht. Wenn wir morgens aufwachen und versuchen, uns an den Traum der vergangenen Nacht zu erinnern, dann empfiehlt es sich durchaus, beim Versuch der Wiedererinnerung des Traumes die verschiedenen bevorzugten Schlafpositionen einzunehmen, die wir üblicherweise während der Nacht oder beim Einschlafen gehabt haben. Mitunter kommt die Erinnerung an einen Traum dadurch, daß wir uns in die Schlafposition begeben, in der er stattgefunden hat, besser, als wenn wir nach dem Aufwachen etwa auf dem Rücken liegend darüber nachdenken, was wir geträumt haben könnten. Das sollte nun durchaus nicht so aussehen, daß wir uns im Stil von Freiübungen morgens nach dem Aufwachen im Bett herumrollen, sondern vielmehr so, daß wir die Einschlafposition und vielleicht zwei oder drei andere bevorzugte Schlaflagen für mehrere Minuten einnehmen, und sobald die Erinnerung an einen Traum kommt, in dieser Situation verbleiben und versuchen, ihn mit Hilfe der vorher geschilderten meditativen Erinnerung in einem möglichst großen Umfang wieder dem Bewußtsein wachzurufen. Auch der Körper speichert in gewissem Sinne Erinnerungen, und wir wissen es vom Wacherleben her, daß wir bei der Rekonstruktion bestimmter Szenen, die wir erlebt haben, oft am günstigsten so vorgehen, daß wir sie auch direkt mit den entsprechenden körperlichen Bewegungen noch einmal wiederholen. Oft kommen uns hierbei dann Details wieder ins Bewußtsein, die wir bereits für vergessen hielten oder die wir im Augenblick des eigentlichen Erlebens überhaupt nur unterschwellig wahrgenommen haben. Ein allgemein bekanntes Beispiel, wo sich unsere Gesellschaft dieser Methode bedient, ist die Kriminalistik mit ihrer Rekonstruktion einer Tat am Tatort, die oft wichtige Ergebnisse hervorbringt.

C.G. Jung hat als erster auf die Bedeutung von Traumserien hingewiesen und darauf, daß ein Traum eigentlich nie als ein einzelner gedeutet werden sollte, sondern sein volles Verständnis erst dadurch erreicht werden kann, daß man ihn im Verlauf einer Serie betrachtet. Aus diesem Grunde ist es empfehlenswert, wenn derjenige, der sich für seine Träume interessiert, ein sogenanntes Traumtagebuch führt. Durch diese Sammlung aller Träume innerhalb eines bestimmten Zeitraumes und den späteren Rückgriff auf frühere Träume kann man oft Erkenntnisse gewinnen, die aus dem einzelnen Traum nicht zu erhalten sind. Am meisten zu beachten sind hier die Motivwiederholungen und der vielleicht unterschiedliche Umgang des Traum-Ich mit immer wieder gleichartigen Traumsymbolen oder Traumfiguren. Wir können oft mit Erstaunen feststellen, wie sich allmählich unsere Träume verändern und wie allmählich bestimmte Strukturen auftauchen, die uns Einsichten vermitteln können. Es kommt hinzu, daß alte Träume, die wir manchmal schon vergessen haben und über die wir verblüfft sind, daß wir sie so geträumt haben, uns in ihrem Sinn deutlicher werden können, wenn wir sie mit neueren vergleichen, weil uns bestimmte Sinnaspekte von älteren Träumen überhaupt erst im Laufe der Zeit klar werden. Es ist natürlich wichtig, die Stichwortnotiz, die wir uns morgens vor dem Aufstehen gemacht haben, möglichst bald in dieses Traumtagebuch zu übertragen und den Traum dort ausführlicher niederzuschreiben. Je länger wir das aufschieben, desto undeutlicher wird in der Regel die Erinnerung an den Traum und desto schwieriger wird es, sich von den stichwortartigen Notizen her an den Traum überhaupt zu erinnern. Es kommt sowieso bei vielen Menschen vor, daß sie bereits morgens nach dem Aufstehen mit den Stichworten kaum noch etwas anfangen können, sie ihnen fremd erscheinen und sie sie nicht mehr mit einem bestimmten Trauminhalt verbinden können. Trotzdem ist es dann sinnvoll, auch diese Stichworte in das Traumbuch zu übertragen, denn je interessierter wir mit dem Traumgeschehen umgehen und je wichtiger wir unsere Träume nehmen, desto mehr trainieren wir unsere Erinnerung und unsere Phantasie.

Zum Abschluß sei noch einmal gesagt, daß die Haltung und die innere Einstellung, die wir zu unseren Träumen haben, ganz wesentlich bestimmend dafür sind, wieviel wir auf der einen Seite von ihnen behalten und wieviel wir auf der anderen Seite dann aus ihnen auch gewinnen können. Es ist genauso wie mit allen anderen Aktivitäten unseres Lebens: Je mehr an seelischer Energie wir in sie investieren, desto fruchtbarer und desto erfolgreicher werden sie für uns. Eine ganz gute Analogie und Vorstellung, die uns hilfreich sein kann, ist vielleicht die, daß wir in dem Träumer unserer Träume, das heißt in der Instanz, aus der heraus unsere Träume kommen, einen Partner vor uns haben, der eine fremde, uns unbekannte Sprache spricht, daß wir aber das Interesse haben, mit diesem Partner in Beziehung zu kommen, uns mit ihm zu unterhalten und den Sinn seiner Worte zu verstehen. Wenn man sich mit starker psychischer Intensität daran macht, eine Fremdsprache zu erlernen, so wird man, abgesehen von den Stunden, die man ausschließlich und intensiv dem Lernprozeß an dieser Sprache widmet, während des Tages doch immer wieder einmal an bestimmte Vokabeln, Ausdrücke und Regeln dieser Sprache denken und sich mit ihnen kurz beschäftigen. Genauso sollte man auch mit den Träumen und den Trauminhalten verfahren, indem man im Verlaufe eines Tages immer wieder einmal ein paar Gedanken und eine kurze Zeit den Inhalten der letzten Träume, die man gehabt hat, widmet. Beschäftigt man sich auf diese Weise immer wieder mit bestimmten Traumsymbolen und umkreist sie in seinen Gedanken, dann kann man erleben, daß einem Tage oder Stunden später ein Sinn aufgeht, den man vorher nicht gesehen hat.

Man sollte sich durchaus nicht scheuen, Partnern und guten Freunden die eigenen Träume zu erzählen und mit ihnen darüber zu diskutieren. Hierdurch kann die Suche nach Analogien aus dem eigenen wachen Erleben und Verhalten durchaus unterstützt werden. Es ist allerdings wichtig, daß man sich hierfür die richtigen Partner sucht, die in der Lage sind, verständnisvoll darauf einzugehen, und die von primitiven Deutungsversuchen absehen. Niemals sollte eine Äußerung des eigenen Unbewußten oder das eines Partners durch nur halb verstandene oder nur rational-theoretische psychologische Interpretationen entwertet werden. Freunde, die in irgendeinem Sinne dazu neigen, destruktiv mit den ihnen mitgeteilten Trauminhalten umzugehen, sind für diese Mitteilung falsche Partner und wirken nur hemmend auf die Erfahrung und den Umgang mit diesen Erlebnisbereichen. So ist es auch wichtig, vorher zu erfragen und zu erfühlen, ob sich der andere wirklich für diesen Traum interessiert und bereit ist, ihn aufzunehmen. Gerade die Träume, die wir von unseren Partnern haben, sind hier besonders wichtig; aber auf der anderen Seite gehört eine gewisse Vorsicht dazu, inwieweit wir sie dem anderen mitteilen können oder nicht. Man muß es zum Beispiel erspüren können, inwieweit ein Mensch, mit dem man zusammenlebt, etwa in der Lage ist, eine im Traum zum Ausdruck kommende, gegen ihn gerichtete Aggression zu ertragen, mit dieser sinnvoll umzugehen und sie nicht gleich mit der »eigentlichen« Haltung, die man ihm gegenüber hat, zu verwechseln. Die unbewußte Einstellung ist immer eine andere als die bewußte, und man darf auf keinen Fall diese beiden durcheinanderbringen oder miteinander verwechseln. So groß auch die Rolle des Einflusses des Unbewußten auf unsere Beziehungen sein mag, so ändert das nichts daran, daß man den bewußten Standpunkt und die bewußte Einstellung des anderen zu uns ernst nehmen soll und respektieren muß. Gelingt aber dieser Prozeß, kann man sich über die Träume miteinander unterhalten und sie auf sich wirken lassen, so kann das der Beziehung eine andere Tiefendimension geben und sie besser, näher und intensiver gestalten. Wichtig ist, daß wir uns darüber klar sind, daß der in unserem eigenen Traum auftauchende Freund oder Partner nicht der reale Freund oder Partner draußen ist, sondern ein Bild dieses Partners, das in uns selbst entsteht. Dementsprechend muß man sich auch darüber klar sein, daß dieses Bild sehr weitgehend eigene Persönlichkeitsanteile enthalten kann, die man in den anderen nur hineinprojiziert und die sein wahres Bild verfälschen. Das gehört aber bereits zu einem anderen Problem, das wir an späterer Stelle besprechen wollen. Hier sollte der Hauptakzent darauf liegen, der eigenen Traumerlebnisse überhaupt habhaft zu werden und eine innere Einstellung zu finden, die es uns ermöglicht, eine Beziehung zu diesem Bereich aufzunehmen.

Der Gewinn dieser Einstellung, die Haltung einer interessierten Zuwendung, ist das Wichtigste. Alles übrige, was hier gesagt wurde, sind für den Interessierten nur gewisse technische Hilfen, die ihm die Verlebendigung der Träume erleichtern können und die er je nach eigenem Ermessen als für sich selbst sinnvoll benutzen kann oder nicht. Sie mögen für den einen eine wichtige Hilfe sein und bei dem andern nicht funktionieren. Das aber muß jeder für sich selbst herausfinden.

GESCHICHTE DER TRAUM-DEUTUNG

Die Kunst der Traumdeutung und die Beschäftigung des Menschen mit seinen Träumen sieht in unserer Kultur auf eine reichhaltige Geschichte zurück. Sie beginnt mit der Entstehung der Mittelmeerkulturen, in denen bereits vieles an Gedanken und Ideengut enthalten ist, das wir auch heute noch benützen. Wenn man einmal von den Träumen der biblischen Geschichte und der Traumdeutung in der alten ägyptischen Kultur absieht, so führt uns der Weg zurück zunächst an die Wiege unserer abendländischen Kultur, in das alte Griechenland. Ursprünglich hatte hier der Traum eine rein religiöse Bedeutung, und bei Homer ist er als ein geflügeltes göttliches Wesen dargestellt, das dem Träumer zu Häupten sitzt und ihm eine Botschaft der Götter vermittelt. Wir treffen hier bereits auf ein Charakteristikum der antiken Traumauffassung (das diese durchzieht). Der Traum gilt als eine von den Göttern gesandte Botschaft und dient vorwiegend als ein Orakel, das heißt, er hat mantische (hellseherische) Aspekte. Diese mantische oder hellseherische Auffassung der Träume sagt bereits in ausgeprägtem Umfange, daß die Träume verschlüsselt seien und eine Entschlüsselung stattfinden mußte. Die Symbolik des Traumes wurde noch weitgehend als kollektiv aufgefaßt, und auf Grund der kollektiven Symboldeutungen fertigten die antiken Traumdeuter Traumlexika an, von denen das erste uns bekannte aus dem 5. Jahrhundert vor Christus stammt und von Antiphon aus Athen verfaßt wurde. Leider sind uns die meisten Traumbücher dieser Zeit verlorengegangen, wie auch das eben erwähnte, und wir kennen sie nur aus Bemerkungen in der Sekundärliteratur. Lediglich ein Traumbuch dieser Zeit ist uns erhalten geblieben und ist seit einigen Jahren auch in einer deutschen Übersetzung erhältlich. Es stammt von Artemidor aus Daldis und zeigt eine auch für die heutigen Verhältnisse bereits recht beachtliche Kenntnis der menschlichen Psyche, wobei die hier vertretene Traumdeutung schon auf die Umstände, unter denen der Traum geträumt wurde, und auf die persönliche Lebensgeschichte des Träumers Rücksicht nimmt.

Die Einwirkung, die das Göttliche über die Träume auf den Menschen hat, wird im allgemeinen in der Form von drei Möglichkeiten gesehen:

1. Die menschliche Seele besitzt infolge ihrer eigenen göttlichen Natur die Fähigkeit, im Traumzustand zukünftige Ereignisse zu sehen*.

2. Im Traum sprechen die Götter selbst zu den Schlafenden, und

3. die Luft, die die Menschen umgibt, ist voll von unsterblichen Seelen, die in die Poren des Schlafenden einzudringen vermögen, und zwar insbesondere über die Sinnesorgane, und ihm auf diese Weise Botschaften der Götter vermitteln können.

Neben dieser mantischen Auffassung des Traumes als ein von den Göttern gesandtes Orakel oder als ein hellseherischer Blick in die Zukunft finden wir aber bereits in der frühen Antike Vorstellungen und Theorien über den Traum, die uns mehr an unsere heutigen Auffassungen erinnern. So hatten schon Plato und Aristoteles die Idee, daß die Träume von der Wahrnehmung der aus dem Wacherleben übrigbleibenden sozusagen nachhallenden Bewegungen stammen. Das bedeutet, daß die Vortagserlebnisse des Träumers einen Einfluß auf die Traumbildung haben, und wir finden hier das wieder, was viele hundert Jahre später Sigmund Freud als den rezenten Traumauslöser bezeichnet hat, nämlich ein bestimmtes Vortagserlebnis, das Komplexinhalte im Unbewußten des Träumers angesprochen hat.

Ich möchte noch einmal auf den bereits erwähnten Artemidor von Daldis zurückkommen, der vom Jahre 370 bis 412 lebte und sein großes Werk über die Träume angeblich auf Geheiß des Apollo geschrieben hat. Seine Interpretationen beruhen auf einem umfangreichen und sorgfältig gesammelten

* Eine ausführliche historische Übersicht, auf die ich mich auch im folgenden stütze, findet sich bei C. A. Meier: »Die Bedeutung des Traumes«.

Traummaterial von über 3000 Träumen, zu denen er nicht nur eine Vorgeschichte, eine sogenannte Anamnese des Träumers hat, sondern auch eine Nachbeobachtung, etwas, was wir heute in der Medizin als eine Katamnese bezeichnen. Artemidor geht davon aus, daß die Träume hauptsächlich verstanden werden als sich auf zukünftige Ereignisse beziehend, und zwar sollen sie anzeigen, ob dieses zukünftige Ereignis glücklich oder unglücklich verlaufen würde. Abgesehen von diesem rein mantischen Aspekt treten in seinem Traummaterial auch häufig Götter auf, die Botschaften übermitteln, wobei der Gott sowohl selbst als Person erscheinen als auch durch seine Attribute vertreten werden kann. Letzteres erfordert dann natürlich vom Traumdeuter eine genaue und umfangreiche Kenntnis der Mythologie, da diese Attribute außerordentlich zahlreich und vielschichtig waren. Er nimmt an, daß die im Traum auftretenden Götter meist relativ deutlich sprechen und eine besondere Deutung für diese Botschaften nicht erforderlich ist. Sollten sie einmal rätselhaft sein, so habe dies nur den Zweck, den Träumer über den Traum nachdenklicher zu machen und ihn dazu zu bewegen, über ihn zu meditieren. Auf der anderen Seite kennt Artemidor bereits die sogenannten allegorischen Träume, die einen tieferen Sinn haben und die durch eine entsprechende Traumdeutung sorgfältig entschlüsselt werden müssen. Bei dieser Entschlüsselung geht Artemidor schon relativ modern vor, insofern nämlich, als es bei ihm nur sehr wenige Standardsymbole gibt, die immer wieder dasselbe bedeuten, und alle übrigen Traumelemente individuell bearbeitet werden müssen. Hierzu muß man, genau wie es heute notwendig ist, die Lebensgeschichte des Träumers kennen, seine aktuellen Umstände, seinen Charakter und sogar seine momentane Stimmung. Man sollte außerdem mit den lokalen Sitten der Ortschaft, in der der Träumer lebt, bekannt sein, den Gewohnheiten des Milieus, und sich außerdem bewußt sein, daß bestimmte Traummotive gegensätzliche Bedeutungen haben können; so bedeutet zum Beispiel das Motiv, im Tempel zu schlafen, für den Kranken Gesundheit, für den Gesunden aber Krankheit.

Mit diesem letzten Beispiel berühren wir schon eine weitere, sehr wichtige Funktion des Traumes, die auch in der modernen Psychotherapie eine wesentliche Rolle spielt, nämlich seine heilende Wirkung. Die Orakelfunktion des Traumes hat bei den alten Griechen sehr bald dazu geführt, daß sie ihn in einer spezialisierten Weise verstanden haben, nämlich als ein Orakel über die Heilung von Kranken. Um ein derartiges Orakel zur Heilung einer Krankheit oder die Heilung der Krankheit selbst zu erreichen, waren nun zwei Voraussetzungen nötig: Erstens mußte man sich in einem bestimmten kultischen Geschehen an einen Gott wenden, der selbst auf diesem Bereich spezialisiert war, und zweitens mußte es sich um einen sogenannten chtonischen Gott, das heißt Erdgott, handeln, da Erde, Materie und Körper identisch waren. Der bekannteste dieser Götter war Asklepius, ein alter mythischer Arzt, der nach seinem Tode zu den Göttern aufgestiegen war. Überall in der antiken Welt entstanden Heiligtümer dieses Gottes, die sich bis in die späte römische Zeit hinein einer hochgradigen Beliebtheit und eines enormen Zustroms an Kranken und Leidenden erfreuten. Am bekanntesten war das auch heute noch von vielen Touristen besuchte Epidaurus in Griechenland. Am Eingang dieses Heiligtums standen sechzig Stelen, auf denen über hundert Krankengeschichten mit Heilungen eingemeißelt waren, von denen heute noch siebzig erhalten sind. Der Patient, der ein derartiges Heiligtum wie Epidaurus zum Zweck seiner Heilung aufsuchte, mußte zunächst bestimmte Riten durchlaufen und Opfer bringen. Aus diesen wurde erschlossen, ob er ein »Berufener« war und zu dem Heiligtum zugelassen werden konnte. Zugelassen wurde jeder außer Schwangeren und Sterbenden, da das Heiligtum von Geburt und Tod freigehalten werden mußte. Fiel das Opfer günstig aus, so bestand die weitere Therapie lediglich darin, daß der Patient in einen der großen Schlafräume des Heiligtums gelassen wurde, wo er sich auf einer Schlafbank, einer sogenannten Kline, von der unser heutiger Ausdruck Klinik kommt, niederließ. Alles weitere hing nun davon ab, ob man während des Schlafes den richtigen Traum hatte. Ob der Traum der richtige war oder nicht, darüber entschied der Effekt. Wachte der Träumer geheilt auf, so war der Traum der richtige gewesen. Geschah dies nicht, so mußte der Betreffende warten, bis der richtige Traum erschien. In den richtigen Träumen erschien in der Regel, wie wir es bereits bei Artemidor kennengelernt hatten, entweder der Gott selbst oder eine seiner Begleitfiguren oder auch eines seiner Attribute. Da viele Patienten lange Zeit auf den richtigen Traum warten mußten, wurden Epidaurus wie auch die anderen Heiligtümer des Asklepius oder anderer chtonischer Gottheiten allmählich zu großen Kurorten, die sicher genauso florierten wie die berühmten Kurorte der Moderne.

Es ist durchaus verständlich, daß die heilige Gestimmtheit, die von einem solchen Ort und seinem Ruf auf die Psyche des Patienten ausging, die Erwartungen und Hoffnungen, die den Patienten bewogen, eine oft lange und mühevolle Reise zu unternehmen, die starke Introversion, die durch die Befolgung der Riten und den Aufenthalt in den Schlafräumen hervorgerufen wurde, psychische Energien mobilisierten, die zur Heilung oder Besserung von Krankheiten geführt haben. Doch wird hier auf der anderen Seite auch der Unterschied deutlich, der zwischen der antiken Traumtherapie und der heutigen psychoanalytischen Behandlung durch Traumanalyse besteht. In der Antike war der heilende Traum ein einmaliges, in einer besonderen Situation hervorgerufenes bzw. von den Göttern gesandtes Ereignis, wobei die Deutung des Traumes sich lediglich darauf bezog, ob und in welchem Aspekt (günstig oder ungünstig) der Gott dem Träumer erschienen war. Heute verbinden wir mit der therapeutischen Traumanalyse einen Erweiterungsvorgang des Bewußtseins, wobei dem Patienten unbekannte Hintergrundsmotive und Persönlichkeitsaspekte auf Grund des Studiums einer Vielzahl von Träumen bewußt gemacht werden, was seine Erlebnis- und Verhaltensweisen ändert und damit allmählich zu einer Besserung oder Heilung seiner psychischen oder psychosomatischen Symptomatik führt.

Mit dem Zerfall der Spätantike verschwinden das lebhafte öffentliche Interesse und der praktische Umgang breiter Bevölkerungsschichten mit dem Traum zunächst fast vollständig. Lediglich die Diskussion der Gelehrten über dieses Thema ist auch im Mittelalter und in der Renaissance nicht abgebrochen. Eine philosophische Behandlung der Träume finden wir bei Augustinus, bei Albertus Magnus, bei Agrippa von Nettesheim, bei Thomas von Aquin und bei Tomaso Campanella (1568-1639). Die beiden letztgenannten schreiben das Träumen dem Wirken einer Weltseele zu, wie es dann die allgemeingültige Auffassung aller Renaissancephilosophen gewesen ist. Wir haben aus der Zeit zwischen der Spätantike und der Renaissance praktisch kein bekanntes größeres Werk über das Phänomen des Traumes und nur sehr wenige Untersuchungen über die Einstellung der verschiedenen Autoren aus Philosophie, Theologie und Medizin zu diesem Phänomen.

Eine deutliche Wiederbelebung des Interesses am Traumgeschehen und eine Aufwertung der Träume brachte die Romantik. Vor allem die Dichter nahmen sich intensiv dieses Stoffes an. In erster Linie sind hier zu nennen Tieck, Schlegel, Eichendorff, Herder, Novalis und andere. Obwohl bei ihnen zeitweise noch die antike Idee von der göttlichen Sendung oder der Gottesgabe der Träume die Regel ist, tritt doch mehr und mehr die Seele in den Vordergrund. So spricht zum Beispiel der Dichter Jeremias Gotthelf von den Träumen als einer Gottesgabe: »Wenn jede gute Gabe von Gott kömmt, dem Vater der Lichter, und dem Frommen alles zur guten Gabe werden soll, und wenn wir Rechenschaft zu geben haben von jeder, sind da nicht auch Träume gute Gottesgaben und haben wir sie nicht anzuwenden zu unserm geistigen Wachstum?«

Es liegt aber doch in dieser Auffassung nicht mehr die direkte Botschaft des Gottes an den Menschen, sondern es wird hier eine psychische Eigentätigkeit vorausgesetzt, die der Mensch, was sehr modern anmutet und durchaus den heutigen

Traumtheorien entspricht, zu seiner seelischen Reifung und Entwicklung beachten und benutzen sollte. In dieser Zeit tritt immer stärker der Begriff des Unbewußten in den Vordergrund, der jetzt auch von Philosophen, Psychologen und Ärzten aufgegriffen wird. So schrieb bereits im Jahre 1813 der Arzt, Naturwissenschaftler und Theologe Gotthelf Heinrich von Schubert ein großes Werk über die Symbolik des Traumes, und von einem anderen zu seiner Zeit hochberühmten Arzt, Carl Gustav Carus, wurde der Begriff des Unbewußten erstmals in das Zentrum der seelischen Tätigkeit gestellt. In seinem Werk »Psyche« sagt er: »Der Schlüssel zur Kenntnis des bewußten Seelenlebens liegt in der Region des Unbewußten«, und in demselben Buch an anderer Stelle: »Die gesamte Welt unsers innersten geistigen Daseins ruht auf dem Bewußtlosen und arbeitet sich daraus hervor.«

So wird im allgemeinen Carus heute als der Vater des Begriffes des Unbewußten angesehen, obwohl dieser Begriff erstmalig bereits bei Leibniz (1646-1716) in der Monadologie auftritt. Er erwähnt in dieser die »Petits Perceptions«, mit denen er seelische Eindrücke bezeichnet, die zu schwach oder zu zahlreich sind, als daß wir sie im Bewußtsein aufnehmen, und die, wie im Traum, Bilder sinnlicher Qualitäten bewirken, die in ihren Teilen noch verworren sind. Auch der eben zitierte Carus beschäftigt sich ausführlich mit der menschlichen Traumtätigkeit und faßt das Träumen als eine Betätigung des Bewußtseins innerhalb der in die Sphäre des bewußtlosen Zustandes zurückgewandten Seele auf, wobei er dreierlei Formen von Träumen unterscheidet: bedeutungslose, ahnende und hellsehende Träume.

Die Romantik hat, was heute noch oft übersehen wird, eine sehr reichliche Literatur über den Traum und ein ungeheures Wissen über diesen Bereich vermittelt. Abgesehen von der Rehabilitierung des Gefühls war sie wieder in der Lage, in der unbewußten Traumtätigkeit und in der Tätigkeit des Unbewußten überhaupt einen Kosmos im Kleinen zu sehen und den Weg in die ursprüngliche Bilderwelt des Traumes zu öffnen. Träume wurden, wie auch Mythen, Märchen, Sagen und allgemeine Volksbräuche, wieder als ein Teil der allgemeinen Natur und des allgemeinen Lebens aufgefaßt und als etwas Rätselhaft-Phantastisches erlebt, das man befragen konnte und dessen Sinn man zu ergründen suchte. Wir verdanken den Dichtern, Schriftstellern, Philosophen und Ärzten der romantischen Epoche nicht nur unendlich viele Anregungen und Ansammlungen von Wissen, sondern auch die Grundkonzeption unserer heutigen wissenschaftlichen Traumforschung.

Die entscheidende Grundlage für die moderne tiefenpsychologische Traumforschung wurde dann mit dem Erscheinen des Traumbuches von Sigmund Freud geschaffen. Freud führte erstmalig seit der Antike den Traum wieder als ein Heilmittel in die Medizin ein. In ihm fand er nach seinen Worten eine Via Regia (einen Königsweg) zum Unbewußten des psychisch erkrankten Menschen. Die heutige Traumforschung der Tiefenpsychologie hat empirisch am Patienten, das heißt am psychogen erkrankten Menschen, begonnen und findet auch heute noch an dieser Stelle ihr wesentliches Aufgaben- und Anwendungsgebiet. Sie ist damit ein wichtiger Teil des therapeutischen Prozesses, der in der Lage ist, schwere und schwerste, früher unheilbare Erkrankungen zu heilen oder wenigstens zu bessern. Ein richtiges Verständnis und eine richtige Übersetzung dessen, was das Unbewußte dem Bewußtsein zu sagen hat, erkennt man im Bereich der Medizin daran, daß dieser Bewußtwerdungsprozeß eine korrigierende, heilende und hilfreiche Wirkung ausübt. Für Freud waren die Träume Wunscherfüllungen, das heißt, in den Träumen treten verdrängte und tabuierte Wünsche in symbolisch verkleideter Form auf, die ins Bewußtsein drängen, aber von diesem zunächst abgewehrt werden.

Eine andere Auffassung nahm der zweite große Pionier der modernen Tiefenpsychologie, der Schweizer Arzt und Psychiater Carl Gustav Jung, ein. Die Analytische Psychologie C.G. Jungs faßt das Unbewußte als etwas dem Menschen von Geburt an Mitgegebenes auf, wobei es sich bei den Inhalten des Unbewußten nicht nur um Dinge handelt, die im Verlaufe des persönlichen Lebens unbewußt geworden sind. Vielmehr stellt das Unbewußte den Mutterboden dar, aus dem Bewußtsein überhaupt entsteht. Dementsprechend unterscheiden sich natürlich auch die Traumtheorien und die Traumdeutung der beiden großen tiefenpsychologischen Schulen, die sich beide mit einer ungeheuren Intensität und Schnelligkeit im gesamten internationalen Raum verbreitet haben. Wir werden darauf aber im 5. Kapitel noch im einzelnen eingehen.

Die wesentliche und grundlegende Unterscheidung zwischen der Traumdeutung der Antike und der der Moderne besteht aber darin, daß wir heute keine kollektiven Symboldeutungen mehr kennen, die in der Art eines Traumlexikons zusammengefaßt werden können. An deren Stelle ist die individuelle Traumdeutung getreten, bei der jedes auftauchende Traummotiv oder -symbol unabhängig von seinen auch zu berücksichtigenden kollektiven Aspekten auf das Erinnerungsmaterial, die Lebens- und Familiengeschichte und die Bewußtseinssituation des Träumers bezogen werden muß. Das bedeutet, daß das gleiche Traummotiv für den einen Patienten eine ganz andere Bedeutung haben kann als für einen anderen. Hierbei ist die von den persönlichen Erlebnissen abhängige Variabilität viel zu groß, um sich in irgendeiner Weise lexikalisch erfassen zu lassen.

KREATIVITÄT UND TRAUM

Friedrich Nietzsche hat einmal gesagt: »Die Welt ist tief, und tiefer als der Tag gedacht.« Dieses Wissen um die Tiefe der nächtlichen Welt und um ihre Kreativität ist unzähligen bedeutenden Wissenschaftlern, Künstlern und Politikern bekannt gewesen. Die kreative menschliche Phantasie, die in der Lage ist, ein Kunstwerk, ein wissenschaftliches System oder eine neue politische oder religiöse Idee in die Welt zu bringen, hat ihre tiefen Hintergründe und Untergründe immer in der Nachtseite des menschlichen Bewußtseins, nämlich im Unbewußten, in dem sich auf der Basis archetypischer Grundmuster Bilder formen, die Grundlage bahnbrechender neuer Erkenntnisse oder auch tiefgehender künstlerischer Gestaltungen werden. So sah Jean Paul in der menschlichen Phantasie die Grundlage aller Kunst. In seinem Aufsatz »Über die natürliche Magie der Einbildungskraft« unterschied er zwischen einer genießenden und einer schaffenden Phantasie, von denen die erste »die poetische Seele sei, die den Sinn des Unendlichen feiner hat«, während die schöpferische ihn versorgt und nährt. Ein anderer berühmter deutscher Dichter hat in einem Brief geschrieben, daß der Vorgang des Dichtens darin bestände, die Wachen vor den Pforten der Phantasie zurückzuziehen und alles ungehindert einströmen zu lassen, was, wie wir heute sagen würden, aus dem Unbewußten aufsteigt.

Gerade im Bereich der Künste wird die kreative Produktivität des Traumes besonders häufig bezeugt. So sagt zum Beispiel Robert Louis Stevenson, daß im Traume »Heinzelmännchen«, die Gott segnen möge, für ihn die halbe Arbeit verrichteten, während er schliefe. Er äußert sogar die Auffassung, daß diese Heinzelmännchen untergründig am Werke seien, auch wenn er halb wach sei, ohne daß er es in seinem Bewußtsein merke, und daß, was er selbst dichte, eigentlich von ihnen geschrieben würde. Auch von Goethe wissen wir, daß insbesondere in seinen Märchen viele Traumelemente enthalten sind, und ganz besonders bekannt ist diese Umsetzung von Traummotiven in das Werk bei den Dichtern der romantischen Epoche. Es gibt aber auch moderne Dichter, für die der Traum eine Quelle der Kreativität ist. Wir kennen eine Mitteilung Hemingways: »Ich stand früh auf, als es hell wurde, weil ich von dem Stoff geträumt hatte – *das passiert mir manchmal* –, ich hatte die einzelnen Zeilen geträumt, deshalb mußte ich aufstehen, um es gleich niederzuschreiben, sonst hätte ichs weggeträumt.«

Auch Franz Grillparzer hat Teile der »Medea« im Traum erlebt und berichtet: »Ich träumte ein Vorspiel zur Medea, von dem ich mich jetzt nur noch erinnere, daß es ganz allegorisch war, daß darin Medea auf einem bettartigen Wagen liegend erschien und von einer weiblichen Figur an einem Seile gehalten und geleitet wurde, auch, daß im Laufe des Stückes mich einmal als höchst passend überraschte, daß bei einer Stelle Medea mit den Händen eine Bewegung machte, als ob sie flöge oder schwämme. Das Ganze hat mich entzückt, und nun träumte ich fort, ich sei erwacht und bei dem Theatersekretär Schreyvogel, dem ich von dem Traum erzählte und meine Absicht, nach diesem mein Stück zu ändern. Ich konnte mich nicht mehr auf die einzelnen Umstände meines Traumgesichtes erinnern und dachte nach, suchte mirs zu vergegenwärtigen, fand endlich das Ganze wieder zusammen und hatte die größte Freude darüber, als höchst poetisch und sinnreich . . . Als ich aus diesem höchst lebhaften Traum erwachte . . . kam mir mein wachender Zustand gegen den vorigen vor wie eine Zeichnung gegen ein Gemälde, ein neblichter Tag gegen einen sonnenhellen.«

Die Reihe dieser Beispiele ließe sich beliebig fortsetzen, denn das Erlebnis der Traumwelt hat bei den meisten Dichtern einen nachhaltigen Einfluß gehabt, wie es von Heinrich Heine besonders schön beschrieben worden ist: »Mein Leben glich damals einem großen Journal, wo die obere Abteilung die Gegenwart, den Tag mit seinen Tagesberichten und Tagesdebatten enthielt, während in der unteren Abteilung die poetische Vergangenheit in fortlaufenden Nachtträumen wie eine Reihenfolge von Romanfeuilletons sich phantastisch kundgab. In diesen Träumen identifizierte ich mich gänzlich mit meinem Großohm (einer von Heine bewunderten Vaterfigur), und mit Grauen fühlte ich zugleich, daß ich ein anderer war und einer anderen Zeit angehörte. Da gab es Verhältnisse, wovon ich früher keine Ahnung hatte, und doch wandelte ich dort mit sicherem Fuß und sicherem Verhalten.

Da begegneten mir Menschen in brennend bunten, sonderbaren Trachten, und mit abenteuerlich wüsten Physiognomien, denen ich dennoch wie alten Bekannten die Hände drückte; ihre wildfremde, nie gehörte Sprache verstand ich, zu meiner Verwunderung antwortete ich ihnen sogar in derselben Sprache, während ich mit einer Heftigkeit gestikulierte, die mir nie eigen war, und während ich sogar Dinge sagte, die mit meiner gewöhnlichen Denkweise widerwärtig kontrastierten.

Dieser wunderliche Zustand dauerte wohl ein Jahr, und obgleich ich wieder ganz zur Einheit des Selbstbewußtseins kam, blieben doch geheime Spuren in meiner Seele. Manche Idiosynkrasie, manche fatale Sympathien und Antipathien, die gar nicht zu meinem Naturell passen, ja sogar manche Handlungen, die im Widerspruch mit meiner Denkweise sind, erkläre ich mir als Nachwirkungen aus jener Traumzeit . . .«

Die produktive Kreativität unserer nächtlichen Träume ist aber lange vor jeder modernen analytischen Deutung nicht nur für die künstlerischen Bereiche bekannt gewesen, sondern trifft auch auf die Wissenschaften zu, und zwar keineswegs nur für die Geisteswissenschaften, sondern gerade auch für die sogenannten exakten Naturwissenschaften. Das berühmteste und wohl am meisten beschriebene Beispiel ist das des Chemikers Kékule von Stradonitz (1829-1896), der wiederholt berichtet hat, wie er zu seiner Entdeckung der ringförmigen Benzolformel gekommen ist, die ihn weltberühmt machte und die Grundlage der heutigen organischen Chemie bildet. Kékule hatte sich seinerzeit lange und intensiv um die Struktur des Benzolrings bemüht, ohne jedoch eine Lösung dafür zu finden. Dann träumte er eines Nachts von »6 im Kreise tanzenden Lichtpunkten, die sich schlangenartig wendeten und drehten. Und siehe da, was war das: eine der Schlangen erfaßte den eigenen Schwanz ... Wie durch einen Blitzstrahl erwachte ich; und verbrachte den Rest der Nacht, die Konsequenz der Hypothese auszuarbeiten.« Diese sich in den Schwanz beißende Schlange erschloß nun Kékule die Anordnung der Kohlenstoffe im Benzolring in Form einer kreisförmig zusammenhängenden Strukturformel. Kékule hat berichtet, daß sein geistiger Sinn durch wiederholte Gesichte ähnlicher Art geschärft war, und er hat seinerzeit seinem Bericht zugefügt: »Lernen wir träumen, meine Herren, dann finden wir vielleicht die Wahrheit.« Schon 1854 hatte er Lichterscheinungen gehabt mit tanzenden Paarbildungen, in denen er Atome sah, und in seinen Reflexionen schreibt er: »Unzählige Keime des geistigen Lebens erfüllen den Weltraum, aber nur in einzelnen, seltenen Geistern finden wir den Boden zu ihrer Entwicklung, in ihnen wird die Idee, von der niemand weiß, woher sie stammt, zur schaffenden Tat lebendig.«

Auch wenn solche Träume auf Triebbedürfnisse zurückgeführt werden können, die sicher auch in ihnen enthalten sind, ist es bedauerlich, daß unter einer solchen reduktiven Betrachtung die schöpferischen Potenzen, die in unserem Unbewußten liegen, vernachlässigt werden und zu kurz kommen. Die bedeutendsten Forscher auch der Moderne hat das allerdings nie bekümmert, denn wir wissen zum Beispiel von Einstein, daß er immer einen Notizblock an seinem Bett bereithielt, um sich sofort Notizen über seine Träume machen zu können, und daß er erklärt hat, daß diese Intuitionen, die er in der Nacht durch die Träume erhielt, etwas Unersetzliches für seine fundamentalen Einsichten in die Natur gewesen sind. Solche kreativen Träume kombinieren Elemente der Erfahrung in einer neuen Art und Weise, indem sie oft bizarre Bilder benutzen oder höchst beeindruckende Symbole. Es sind auch nicht nur die großen und bedeutenden Menschen, die aus diesen Bildern und Symbolen kreative Anregungen und Ideen empfangen, sondern, wie ich es später an Patientenbeispielen zeigen will, auch die einfachen, deren Kreativität zur Sinnerfüllung ihres eigenen Lebensraumes oder eines kleineren Umkreises von Bekannten führt.

Wie stark Bilder und Symbole auf die Entwicklung einer wissenschaftlichen Konzeption Einfluß haben können, zeigt am schönsten das Beispiel von Descartes, der aus einer Serie von drei Träumen in einer bestimmten Nacht die Essenz seiner Philosophie : Cogito ergo sum (ich denke, daher bin ich) entwikkelte. Descartes teilt mit, daß er sich am 10. November 1619 schlafen legte, noch ganz erfüllt von einer Begeisterung und ganz beschäftigt mit dem Gedanken, an diesem Tage die Grundlagen der herrlichen Wissenschaft gefunden zu haben. In dieser Nacht hatte er drei aufeinanderfolgende Träume, von denen er glaubte, daß sie nur von einer höheren Macht eingegeben sein konnten. Der erste Traum ist ein Angsttraum, in dem er durch Phantome und Erscheinungen zunächst erschreckt und später von einem Wind an verschiedene Orte geweht wird. Nachdem er kurz aufgewacht war, hatte er einen zweiten Traum, und in diesem bemerkte er im Zimmer viele Feuerfunken. Schon öfter war ihm dies zu anderen Zeiten widerfahren, und es war für ihn nichts Außergewöhnliches, mitten in der Nacht zu erwachen und Sehkraft genug im Auge zu haben, um die nächsten Gegenstände wahrzunehmen. Aber jetzt endlich wollte er auf Erklärungen zurückgreifen, die er der Philosophie entnahm, und indem er abwechselnd die Augen öffnete und schloß und die Dinge, die sich ihm darboten, auf ihre Beschaffenheit betrachtete, zog er für seine Erkenntnisse günstige Schlüsse. Im dritten Traum fand er dann auf seinem Tisch ein Buch, das ein nützliches Lexikon war, und ein weiteres, das eine Sammlung von Gedichten verschiedener Autoren enthielt, betitelt: »Corpus poetarum«. Als er dieses Buch öffnete, fiel sein Blick auf einen Vers: »Quod vitae sectabor iter?«

Im selben Augenblick bemerkte er einen Mann, der ihm ein Gedicht überreichte, das mit »Est et non« anfing. Der Traum geht dann noch eine Weile um diese Bücher und den Mann, der sie ihm brachte, weiter, indem er mit diesem über die Wichtigkeit und Schönheit dieser Bücher diskutiert. Während er weiterträumt, beginnt er dann bereits mit einer Auslegung des Traumes, indem er meint, das Lexikon hätte nichts anderes zu bedeuten als den Zusammenhang aller Wissenschaften, und die Gedichtsammlung, die »Corpus poetarum« betitelt war, bezeichne insbesondere und auf deutliche Weise die innige Verbindung der Philosophie mit der Weisheit, denn er glaubte, daß man sich nicht darüber wundern sollte, wenn man bei Dichtern und selbst bei solchen, die nur törichte Kurzweil treiben, viel ernstere, vernünftigere und besser ausgedrückte Gedanken findet als in den Schriften der Philosophen. Die Göttlichkeit des Enthusiasmus und die Kraft der Imagination brächten dies Wunder hervor . . . Während Descart fortfuhr, seinen Traum im Schlaf auszulegen, kam er zu dem Schluß, daß das Gedicht über die Ungewißheit, welche Art des Lebens man wählen wolle, den guten Rat einer weisen Person oder die Moraltheologie selbst bedeute. Wachend setzte er dann die Auslegung des Traumes und seinen Gedankengang fort und kam dadurch zu seinem berühmt gewordenen Grundgedanken.

Auch von Politikern und politisch kreativen Menschen werden derartige Träume berichtet, deren kreative Funktion nicht übersehbar ist. Berühmt geworden ist der Bismarck-Traum aus dem Jahre 1863, den er am 8.12.1881 Kaiser Wilhelm mitteilte. Auch dieser Traum wurde von Freudscher psychoanalytischer Seite (Hans Sachs) sehr früh einer Triebdeutung unterzogen, während später eine ausführliche Deutung, die auch die kreativen Seiten berücksichtigt, von Heyer erschienen ist. Von diesem Traum schreibt Bismarck, daß er ihn im Frühjahr 1863 in den schwersten Konflikttagen, aus denen ein menschliches Auge keinen gangbaren Ausweg sah, geträumt habe. Er berichtet über diesen Traum: »Mir träumte, und ich erzählte es sofort am Morgen meiner Frau und anderen Zeugen, daß ich auf einem schmalen Alpenpfad ritt, rechts Abgrund, links Felsen; der Pfad wurde schmäler, so daß das Pferd sich weigerte und Umkehr unmöglich; da schlug ich mit meiner Gerte in der linken Hand gegen die glatte Felswand und rief Gott an; die Gerte wurde unendlich lang, die Felswand stürzte wie eine Kulisse und eröffnete einen breiten Weg mit dem Blick auf Hügel und Waldluft wie in Böhmen, preußische Truppen mit Fahnen und in mir noch im Traum der Gedanke, wie ich das schleunigst Euer Majestät melden könnte. Dieser Traum erfüllte sich, und ich erwachte froh und gestärkt aus ihm.« In diesem Traum liegt der Vorentwurf, die Konflikte Preußens durch einen siegreichen Krieg gegen Österreich, wie er dann stattfand, zu lösen. Die Gerte, mit der Bismarck im Traum diesen Weg erschließt, ist an sich ein zartes Reis und vielleicht gerade dadurch so stark, weil sie noch nicht verholzt ist, sondern als etwas Wachsendes und Sprossendes angesehen werden kann, das die Zukunft in sich birgt. Wie Heyer beschreibt, ist der Sieger von morgen derjenige, der mit dem Keimenden eins ist und die Jugend für sich hat, und diesem weicht auch das starre Gestern, das im Traum in der Felswand ausgedrückt sei. Dies nur als eine Andeutung, wie wohl auch Bismarck selbst diesen Traum richtig verstanden haben mag.

Ein anderes, sehr eindrucksvolles Beispiel aus unserer heutigen Zeit ist der Traum von Sophie Scholl, den sie in der Nacht vor ihrer Hinrichtung hatte und den sie ihrer Zellengenossin erzählt hat: »Ich trug an einem sonnigen Tag ein Kind in langem weißen Kleid zur Taufe. Der Weg zur Kirche führte einen steilen Weg hinauf. Aber fest und sicher trug ich das Kind in meinem Arm. Da plötzlich war vor mir eine Gletscherspalte. Ich hatte gerade noch soviel Zeit, das Kind sicher auf die andere Seite niederzulegen – dann stürzte ich in die Tiefe.« Sophie Scholl hat diesen Traum nach ihren eigenen Aussagen so verstanden, daß sie in dem Kind »unsere Idee« sah, die sich durch alle Hindernisse durchsetzen würde. Sie selber dürften nur die Wegbereiter sein, müßten aber vorher sterben für diese Idee. Geträumt ist dieser Traum noch in einer Zeit der Siegesgläubigkeit und des Glaubens an die Unbezwingbarkeit des Nationalsozialismus. Es wäre billig, diesen Traum nur als eine persönliche Wunscherfüllung anzusehen, zumal die Geschichte ihm recht gegeben hat und aus dem Chaos der Diktatur und ihres Zusammenbruchs die Idee eines freien demokratischen Deutschland, die von den Geschwistern Scholl vertreten wurde, wiedererstanden ist. Hier ist eine innere Instanz am Werke, die es diesem jungen Menschen ermöglichte, getröstet zu sterben in einem tiefen und sicheren Wissen, daß das geistige Kind weiterleben würde.

Zum Abschluß dieser Reihe von Beispielen möchte ich noch ein besonders schönes Beispiel aus dem Bereich der Musik erwähnen. Es handelt sich um einen Traum, den der Musiker Guiseppe Tartini berichtet hat: »Im Jahre 1713 träumte ich in einer Nacht, daß ich einen Pakt geschlossen hätte und der Teufel in meinen Diensten stand. Alles gelang mir nach Wunsch, alles, was ich begehrte, ging im vorhinein in Erfüllung, meine Wünsche wurden durch die Dienste meines neuen Bedienten übertroffen. Ich hatte den Einfall, ihm meine Geige zu geben, um mich zu überzeugen, ob ers fertigbringen würde, mir schöne Melodien vorzuspielen; aber wie groß war mein Erstaunen, als ich ihn eine so merkwürdige und so schöne Sonate mit solcher Meisterschaft und soviel Geist vortragen hörte, daß nichts, was ich geschaffen hatte, damit verglichen werden konnte. Ich war darüber so verwundert, entzückt und begeistert, daß mir der Atem verging. Ich erwachte durch diese heftige Erregung, nahm sofort meine Geige und hoffte, etwas von dem, was ich soeben gehört hatte, wiederzufinden; doch es war vergeblich. Das Stück, welches ich dann komponierte, ist in Wahrheit das beste, das ich je gemacht habe, und ich nannte es auch ›die Teufelssonate‹; doch es blieb weit hinter dem zurück, was ich im Traum gehört hatte, so daß ich meine Geige zerbrochen und für immer der Musik entsagt haben würde, wenn ich imstande gewesen wäre, von ihr zu lassen.«

Es erhebt sich natürlich die Frage nach den Ursachen und den Hintergründen, die es dem Unbewußten im Traum ermöglichen, schöpferische Impulse und Neubildungen in das Bewußtsein zu bringen. Hierzu ist es erforderlich, einen Gedankengang zu verfolgen, der uns nicht nur in die Vorgeschichte des persönlichen einzelnen Menschen, sondern der Menschheit und ihrer Kultur überhaupt führt. In seiner seelischen Phylogenese (Stammesentwicklung) hat sich der Mensch von der Frühzeit her allmählich aus einer magischen und mythischen Welterfassung psychisch zu einer Ebene rationaler bzw. mentaler Erkenntnisse und Bewältigungen der ihn umgebenden Objektwelt entwickelt. Wir wissen, daß die ganz frühen Kulturen, wie auch heute noch manche primitiven Naturvölker, fast völlig auf der Ebene einer magischen Weltauffassung und Weltbewältigung funktionierten. Die sie umgebenden Objekte werden nicht logisch und rational betrachtet und behandelt, sondern überall spielt die Magie als die mögliche Form der Beherrschung und der Bemächtigung des anderen Objekts oder des anderen Menschen eine sehr große Rolle. Eine zweite Entwicklungsstufe in der Kulturentwicklung ist dann, wie es der Philosoph Gebser ausführlich dargestellt hat, die mythische. In dieser Phase zielt das Streben des Menschen nicht mehr nur auf Bewältigung und Macht über das Objekt, sondern es taucht der erste Versuch von Erkenntnisprozessen auf, wobei diese Erkenntnisprozesse noch in Bildform stattfinden und der Mensch die Natur und die ihn bestimmenden und umgebenden Schicksalskräfte in Form von Mythologemen zu erfassen versucht.

Diese historische Entwicklung und diese beiden Frühstufen in der Entfaltung der menschlichen Psyche finden wir nun auch in der persönlichen seelischen Entwicklung des Menschen in der Frühzeit der Kindheit wieder. Genauso, wie der Embryo alle die tierischen Vorformen durchläuft, aus denen der Mensch letztendlich entstanden ist, finden auch in der seelischen Entwicklung diese Frühformen wieder statt, und jeder einzelne von uns ist in gewissem Sinne dazu genötigt, die historischen Frühformen seelischer menschlicher Entwicklungen noch einmal zu durchlaufen. Aus dem Stadium einer Mutter-Kind-Einheit der allerersten Lebenszeit entwickelt sich etwa zwischen dem zweiten und vierten Lebensjahr, das heißt also in der Zeit, in der die Beherrschung der Körpermotorik gelingt und die Sprache entwickelt wird, ein kindliches Ich, das noch sehr weitgehend im Bereich eines magisch-mythischen Welterlebens steht. Erst etwa um die Zeit des sechsten Lebensjahres herum, mit der Erreichung der nach Freud sogenannten sexuellen Stufe, erfolgt die Entwicklung des rationalen Realitätsprinzips und der Versuch, die umgebende Objektwelt ihrer magischen Wirksamkeit zu entkleiden durch Erfassung ihres Seins auf einer rationalen Ebene. Jedes Neue aber baut sich immer über der Wirklichkeit des Bisherigen auf, was auch für die menschliche Seele zutrifft, so daß wir gewissermaßen unterhalb und neben dem Bewußtsein des modernen, rational und wissenschaftlich-begrifflich denkenden Menschen ein Unbewußtes finden, in dessen Schichten alle die Bezüge der früheren Entwicklungsstufen noch vorhanden sind. Überall an uns selbst und an unserer Umgebung können wir die Wirklichkeit und die Wirksamkeit dieser magisch-mythologischen Schicht des menschlichen Unbewußten beobachten und studieren. Sei es, daß sie, wie die rituell tanzenden Punkte im Traum des Kékule, zur Entdeckung wissenschaftlicher Erkenntnisse führen, sei es, daß sie in negativer Form den Menschen in Aberglauben und Phantasmata festhalten. Ein großer Teil unserer Erdbevölkerung lebt mit seinem Bewußtsein mindestens zu einem guten Teil nicht heute im 20. Jahrhundert, sondern noch im Mittelalter, der Antike oder der Steinzeit. Diese frühen und archaischen Schichten innerhalb unserer Seele sind nun aber keineswegs nur etwas Infantiles oder Destruktives, etwas, das überwunden oder abgelegt werden muß, sondern sie enthalten eine tiefe Produktivität, die, wie die Heinzelmännchen Stevensons, auf unser Bewußtsein ständig befruchtend einwirkt.

Nach Cassirer ist der Mythos der Ursprung des Geistes und

eine besondere Form der Weltauffassung, die komplex denkt und die Identität der Grundgestalt erhält. Das mythische Welterleben rückt damit in die Sphäre jenes anschaulichen Denkens, das Jaspers dem abstrahierenden Denken gleichwertig gegenübergestellt hat und dessen unterschiedliche Akzentuierung man auch heute noch in den verschiedensten Sachbereichen wiederfindet. So kann die »Überwindung« des Mythos letztlich nur durch seine Erkenntnis und Anerkennung erfolgen, das heißt seine Einordnung in das Ganze der menschlichen Seele.

Die Analytische Psychologie C.G. Jungs hat auf den progressiven und prospektiven Aspekt dieser Tiefenschicht hingewiesen, der sowohl in der frühen Ich-Entwicklung als auch im Bereich der Wandlungs- und Reifungsvorgänge der Psyche des Erwachsenen eine wichtige Rolle spielt. Auch von anderen wissenschaftlichen Bereichen her wurde die Wichtigkeit derartiger unbewußter archetypischer Bilder bestätigt, deren Wirksamkeit nicht durch etwas Rationales, sondern durch eine mit Emotionen hoch aufgeladene Symbolik, die vorwiegend aus dem mythischen Bereich stammt, gegeben ist. So hat etwa der Schweizer Physiker Pauli darauf hingewiesen, daß bei »der Entwicklung wissenschaftlicher Ideen jedes Verstehen ein langwieriger Prozeß ist, der schon lange vor der rationalen Formulierbarkeit des Bewußtseinsinhaltes durch Prozesse im Unbewußten eingeleitet wird. Als anordnende Operatoren und Bildner in dieser Welt der symbolischen Bilder funktionieren die Archetypen als eben die gesuchte Brücke zwischen den Sinneswahrnehmungen und den Ideen und sind demnach auch eine notwendige Voraussetzung für die Entstehung einer naturwissenschaftlichen Theorie.« Dies bestätigt das, was Kékule und Descartes in ihren Träumen erlebt haben und was auch andere exakte Naturwissenschaftler wie beispielsweise der Nobelpreisträger Otto Loewi bei sich beobachteten. Dieser Physiologe träumte mehrfach, wie seine Experimente zu machen seien, mit denen er die chemische Übermittlung nervöser Impulse auf die Organe zu beweisen unternahm. Er stand nach seinen Träumen sofort auf, ging ins Labor und führte die geträumten Versuche am Froschherzen durch. Ähnliche Berichte werden auch von dem Chirurgen August Bier übermittelt und dem Mathematiker Poincaré.

C.G. Jung hat einmal gesagt: »Der Mythos ist das, von dem ein Kirchenvater sagt: ›Etwas, was immer und überall von allen geglaubt wird‹, also bildet der, welcher ohne den Mythos oder außerhalb desselben zu leben glaubt, eine Ausnahme. Ja, er ist sogar ein Entwurzelter, welcher weder mit der Vergangenheit, dem Ahnenleben (das immer in ihm lebt), noch mit der gegenwärtigen menschlichen Gesellschaft in wahrhafter Verbindung steht.« – Ich glaube, daß der Wert, der hier einer seelischen Tiefenschicht, einem Hintergrund unserer Handlungen und bewußten Motive zugeschrieben wird, keineswegs zu hoch angesetzt ist. Das menschliche Unbewußte ist nämlich nicht nur eine Art Ablagestätte für Vergessenes oder Verdrängtes aus dem bisherigen Leben, sondern gerade auch der Mutterboden und der Ursprungsort, aus dem neue Gedanken, Impulse und Ideen des Bewußtseins entstehen. Dementsprechend kann man es auch als eine Art Naturwesen mit einer ihm eigenen Autonomie auffassen, das nicht nur ein Anhang der wachen und bewußten Persönlichkeit ist, sondern in der Fülle seiner Erlebnisformen und -möglichkeiten das Bewußtsein sogar weit übertrifft. Aus dem Unbewußten treten immer wieder Neubildungen und Neuerwerbungen in das Bewußtsein, die der seelischen Reifungsstufe entsprechen, die zu der betreffenden Zeit von dem Individuum gefordert wird oder die Lösungsmöglichkeiten für die gerade anstehenden Probleme anbieten. Diese seelischen Neuerwerbungen sind aber dem Bewußtsein oft relativ fremd und entfernt, da sie mit Vorliebe das Gewand von Symbolen und Figuren benutzen, die uns oft bizarr und abstrus erscheinen und mythologische oder Märchenmotive enthalten.

In dieser Schicht also liegt, wie es spontan immer wieder

von Menschen erfaßt und umgesetzt worden ist, eine tiefe Wurzel unserer Kreativität, die dann für den einzelnen fruchtbar gemacht werden kann, wenn er in der Lage ist, auf diese Stimme aus seinem Inneren zu hören, sie intuitiv richtig zu verstehen und sie umzusetzen. Wir können diesen Kern unserer Kreativität und unserer Lebendigkeit immer nur durch uns selbst und in uns selbst finden, und es bleibt für uns bis heute jene Aussage gültig, die ein mittelalterlicher Denker (Monoimos) über dieses Problem gemacht hat: »Suche nach ihm aus dir selber und lerne, wer es ist, der überhaupt alles in dir (sich) zueignet und sagt: mein Gott, mein Geist, mein Verstand, meine Seele, mein Körper, und lerne, woher das Sichbetrüben und das Sichfreuen und das Lieben und das Hassen und das unfreiwillige Wachsein und das unfreiwillige Schläfrig-Sein und das unfreiwillige Ärgerlich-Sein und das unfreiwillige Liebhaben (kommt), und, wenn du dieses, sagen sie, genau erforschest, so wirst du ihn in dir selber finden als einen und vieles, entsprechend jenem Punkte, in dem du aus dir selber den Durch- und Ausgang findest.«

Ich möchte nun kurz auf zwei Beispiele eingehen, bei denen Patienten im Verlauf einer längeren Analyse den Zugang zu ihrer eigenen Kreativität gefunden haben. Das erste bezieht sich auf eine dreißigjährige, jung verheiratete Patientin, die wegen psychosomatischer Symptome eine analytische Therapie aufsuchte. Unter anderem litt sie an zeitweise auftretenden Gallenkoliken, für die kein organischer Befund erhoben werden konnte. Die Patientin kam als eine völlig unselbständige, übergehorsame, aber gleichzeitig sehr tüchtige Vater-Tochter in die Therapie, und die über 250 Stunden hin durchgeführte Analyse bestand vorwiegend in einem Ablösungsprozeß aus der Dominanz dieses verinnerlichten Vaterbildes und in der Herstellung einer gesunden Beziehung zu ihrem männlichen Partner. Gleichzeitig spielte sich aber in der Innenwelt dieser Patientin die Entwicklung einer eigenen Aktivitätsseite ab, die bei der Frau üblicherweise auch unter der Führung einer männlichen

Symbolfigur, dem Animus, zu verlaufen pflegt. Diese aktiv-kreative Seite ihrer eigenen Persönlichkeit war infolge der starken Vater-Tochter-Bindung völlig unterdrückt worden und nicht entwickelt. Ein entscheidender Durchbruch zu einem Stück eigener Kreativität, das in ihrem weiteren Leben eine wichtige Rolle spielen sollte, fand in der etwa 200. Stunde der Analyse im Anschluß an einen Traum statt. Dieser Traum lautete folgendermaßen: »Ich habe lauter verbotene Dinge gemacht. Ich war mit einem Fremden nachts in einer Bar, und er zeigte mir dort einen Film, den man nicht sehen durfte. Als wir gingen, trafen wir im Vorraum meinen Mann mit einer blonden Frau, und wir gingen wie Freunde aneinander vorbei. Dann ging ich allein nach Hause.«

Die Einfälle zu diesem Traum bezogen sich zunächst auf die Eifersuchtsgefühle ihres Mannes, die sie bisher als völlig unbegründet abgetan hatte. Jetzt aber spürte sie eigene erotische Gefühle und sexuelle Impulse auch anderen Männern gegenüber und erlebte diese sogar relativ angstfrei. Ich fragte sie dann, um was für einen Film es sich wohl in dieser Bar gehandelt hätte, und sie wehrte zunächst ab, indem sie sagte, sie hätte gar nicht hingesehen. Der Film hätte links hinten in der Ecke der Bar gespielt. Ihr Begleiter hätte sie zwar darauf aufmerksam gemacht, aber er wäre wohl sehr unanständig gewesen. Ich fragte sie daraufhin, ob sie gar nicht neugierig wäre, was in dem Film gezeigt worden sei, und wenn es sie interessierte, könnte sie ja mal versuchen, etwas davon zu zeichnen. In der nächsten Stunde kam die Patientin wieder und brachte einen ganzen Stapel Zeichnungen mit. Sie erzählte dazu folgendes: Als sie nach der Stunde mein Haus verlassen hatte, habe sie ganz energisch zu sich selbst gesagt, was sie in der Stunde nicht gewagt hatte: »Das tue ich nie!« Schon bei diesem abwehrenden Affekt habe sie ein Ziehen in der Bauchgegend bemerkt, das sich allmählich im Verlaufe des Nachmittags zu Hause immer mehr verstärkte, bis sie ganz erhebliche Gallenbeschwerden bekam und nichts mehr tun konnte. Da sie bereits in der Lage war, einen Zusammenhang zwischen unterdrückten Persönlichkeitsanteilen und Symptomatik herzustellen, entschloß sie sich nun doch, zunächst sehr widerwillig, mit Zeichnen anzufangen. Sie versuchte, sich an die Atmosphäre in der Bar zu erinnern, und begann mit Krakeleien auf dem Papier. Allmählich merkte sie, wie immer mehr Faszination in diesen Prozeß des Zeichnens kam, und sie mußte fast zwangsmäßig eine ganze Serie von ziemlich primitiven (sie hatte nie in ihrem Leben außer in der Schulzeit gezeichnet) pornographischen Zeichnungen anfertigen. Während sie dies tat, ließen ihre Gallenbeschwerden nach und waren am Ende des Zeichenprozesses vollständig verschwunden. Die Bilder waren ihr zwar schrecklich peinlich, sie brachte sie aber trotzdem mit und stellte sich selbst der Auseinandersetzung mit ihnen. In der Folgezeit begann ihr dieses Zeichnen Spaß zu machen. Sie begann die sexuellen Positionen und Symbole, die sie zuerst gezeichnet hatte, ornamental zu verändern, auch in Farbe zu bringen, und schließlich kam sie auf die Idee, auf Porzellan zu malen. Sie fertigte dann einige höchst originelle und eigenwillige Porzellanmalereien an, und da sie in ihrer Umgebung damit auf positive Bestätigung stieß, wurde die Porzellanmalerei als kreativer Ausgleich zu ihrem Berufs- und Haushaltsdasein allmählich ein wichtiger Teil ihres Lebens, den sie auch nach Abschluß der Analyse weiter beibehielt.

Das zweite Beispiel stammt aus der Analyse einer fünfundvierzigjährigen Patientin, die mit einer sehr schweren depressiven Neurose die Behandlung aufsuchte. Schon relativ früh nach Analysenbeginn, etwa um die 20. Stunde herum, begann die Patientin ihre außerordentlich quälenden inneren Zustände, mit denen sie in anderer Form nicht fertig wurde, durch Krakelzeichnungen mit stark aggressiven Komponenten zu bewältigen. Auch diese Patientin hatte nie in ihrem Leben gezeichnet oder gemalt, sich für Kunst interessiert oder selbst irgendwelche künstlerischen Aktivitäten entfaltet. Die ersten Zeichnungen waren dementsprechend auch primitiv und glichen den Bildern eines etwa fünf- bis zehnjährigen Kindes. Das Zeichnen erfolgte in diesem Fall ganz spontan von der Patientin her ohne eine Anregung von meiner Seite. Ihre Träume zeigten sehr stark aggressive Inhalte, zu denen sie aber überhaupt keinen Zugang hatte, da sie völlig der Ideologie einer übermäßig friedfertigen und gebefreudigen Persönlichkeit verhaftet war.

Etwa zwei Monate später hatte sie einen Traum, in dem sie sich nach den vorangegangenen, sehr beunruhigenden Träumen das erstemal in einer Beziehung zu mir aufgehoben und akzeptiert fühlte. Danach riskierte sie es, auch ihre aggressive Phantasiewelt zu akzeptieren und den Versuch zu machen, sie konstruktiv zu gestalten. Sie teilte dazu mit, daß sie in der letzten Zeit immer wieder eine tagtraumartige Phantasie hätte, in der sie von einem großen, starken, primitiven und manchmal sehr dunkelhäutigen Mann umarmt werde, der sich gar nicht für sie persönlich, sondern nur für sie als Frau interessiere. Nach einem langen und heftigen Kampf bezwinge dieser Mann sie, weil sie von ihm bezwungen werden wolle. Allein durch diesen Kampf werde ihre Weiblichkeit in ihr erwachen, sie brauche dieses männliche aggressive Element, und wenn dies nicht vorhanden wäre, bliebe sie im wörtlichen Sinne trocken. Sie hatte sich in der Zwischenzeit Ton besorgt, weil man so schön damit matschen konnte, hatte sich aber noch nicht getraut, damit etwas zu machen. Jetzt versuchte sie, in ihrer nächsten depressiven Phase, auch gegen einen inneren Widerstand etwas aus diesem Ton zu formen. Sie schilderte den Prozeß folgendermaßen: »Ich wußte nicht, wie ich damit anfangen sollte. Ich dachte an meinen schwarzen Mann, aber mein Gefühl war zu blockiert dafür. So quetschte ich nur den Ton etwa für eine halbe Stunde durch meine Finger und beobachtete die Formen, die dabei herauskamen. Ich sah Köpfe von Tieren, ich fühlte den kalten Ton, und ich dachte an nichts anderes mehr. Dann sah ich zuletzt, wie die Figur eines Kindes aus diesem Ton, der mir wie die Erde erschien, herauskam. Das Kind hatte Zahnschmerzen und wollte zu seiner Mutter laufen und seinen Kopf zwischen ihre Brüste stecken.«

Während dieser Phantasie entstand nun tatsächlich, ohne daß sie sehr viel bewußt dazu tat, eine Mutterfigur mit zwei mächtigen Brüsten und ein Kind, dessen Kopf dazwischen ruhte. Im Gegensatz zu ihren früheren, sehr kindlichen Krakelzeichnungen war diese Figur zwar noch recht archaisch, aber doch sehr eindrucksvoll und wies ein gewisses plastisches Gestaltungsvermögen auf, das auch der Patientin zu ihrer eigenen Überraschung gefiel. In der Folgezeit stellte sie praktisch die ganze Analyse hindurch ihre Problematik immer wieder in verschiedenen Tonfiguren oder Tonformen dar, sie nahm auch einen Kurs an einer Volkshochschule und erlernte relativ schnell und mit ausgesprochener Begabung die Herstellung von Töpferwaren und Statuen. Natürlich wurde auch sie keine bekannte Künstlerin, sondern verblieb in ihrem vorher erlernten Beruf; aber diese kreative Tätigkeit war für sie auch nach Abschluß ihrer Behandlung und ihrer Gesundung weiterhin eine ausgesprochene Befriedigung und blieb ein wichtiger Teil ihres Lebens.

An diesen Beispielen, die innerhalb von Analysen gar nicht selten sind und sich beliebig vermehren lassen, möchte ich verdeutlichen, daß kreative Möglichkeiten im Unbewußten jedes Menschen liegen und die Entwicklung der kreativen Funktionen, zu der oft die Träume den ersten Anstoß geben, in vielen Fällen einen wichtigen Bestandteil beim Heilungsprozeß eines Menschen spielen und auch im weiteren Verlauf seines Lebens diesem eine Sinnerfüllung geben können.

DIE MODERNEN THEORIEN DER TRAUM-DEUTUNG

Genau im Jahre 1900 veröffentlichte Sigmund Freud sein berühmt gewordenes Buch »Die Traumdeutung« und legte damit den Grundstein für eine moderne wissenschaftliche Theorie der Deutung des Traumes. Noch 1931, also in relativ hohem Alter, sagte Freud darüber: »Das Buch enthält auch nach meinem heutigen Urteil die wertvollste der Entdeckungen, die mir geglückt sind. Eine Erkenntnis solcher Art wird einem nur einmal im Leben zuteil«, womit er diesem Buch den Platz unter den wichtigsten seiner Werke einräumte. Die Grundkonzeptionen, auf denen Freud seine Traumdeutung aufbaute, sind in späterer Zeit sowohl von den Anhängern seiner eigenen Schule als auch von anderer Seite her vielfach variiert und modifiziert worden, und einige der bedeutendsten Analytiker haben auch abweichende Standpunkte zu seinen Theorien eingenommen. Hier stehen an erster Stelle der Begründer der Analytischen Psychologie, C.G. Jung, und der Vertreter der Daseinsanalyse, Medard Boss. Ich möchte mich in meinen Ausführungen hier darauf beschränken, die grundsätzlichen Gesichtspunkte der Traumtheorien dieser drei Analytiker zu besprechen.

Die Freudsche Traumtheorie beruht auf der Vorstellung, daß auch während des Schlafzustandes psychische Spannungen auftreten, die durch Träume verarbeitet werden sollen, wobei diese dazu dienen, die Spannungen auszugleichen und den Schlafzustand zu erhalten. Der Traum ist nach Freud ein »Hüter des Schlafes«. So ist also dasjenige Phänomen, das vom Schläfer nach dem Aufwachen als Traum bezeichnet wird, nur das Endresultat einer bereits langen psychischen Aktivität, die während des Schlafes stattgefunden hat mit dem Ziel, den Schlafzustand zu erhalten. Dementsprechend bezeichnet Freud auch das, was der Träumer nach dem Erwachen von seinem Traum im Bewußtsein erfassen kann, als den »manifesten Trauminhalt«. Hinter diesem aber steht ein bereits längerer psychischer Prozeß, der als die »latente Traumarbeit« oder der »latente Trauminhalt« bezeichnet wird. Das erste, die Traumarbeit, ist hierbei jene psychische Aktivität, die die Traumvorstellungen, -erlebnisse und -bilder hergestellt hat. Die latenten Trauminhalte sind dagegen unbewußte Gedanken oder Wünsche, die infolge ihrer hohen energetischen Aufladung oder ihrer Angstbesetzung den Schlaf zu unterbrechen drohten. Um gerade dieses letztere zu verstehen, müssen wir uns aber noch einmal mit der Auffassung, die Freud vom menschlichen Unbewußten hatte, beschäftigen.

Nach Freud ist das menschliche Unbewußte, das vorwiegend aus dem von ihm so genannten »Es« besteht, ein mehr diffuser Triebgrund. Die Inhalte des Unbewußten bestehen in erster Linie aus den früheren Verdrängungen von Erlebnissen und Wahrnehmungen, die der Mensch während seiner persönlichen Entwicklung erlebt hat. Wenn Freud auch später die Existenz einer archaischen Erbschaft im Unbewußten eingeräumt hat, so spielt diese doch keine wesentliche praktische Rolle. Das eigentliche Verdrängte sind Wünsche, und zwar insbesondere triebhafte Wünsche, die infolge ihres anstößigen und unangenehmen Charakters bzw. wegen ihrer Bedrohlichkeit vom Bewußtsein unterdrückt werden müssen. Der Unterdrückungs- bzw. Verdrängungsprozeß funktioniert während des Tages bei wachem Bewußtsein auch relativ gut. In der Nacht aber, wenn das Wachbewußtsein weitgehend ausgeschaltet ist, steigen diese triebhaften Wünsche infolge ihrer starken Energieladung wieder auf und versuchen, ins Bewußtsein zu dringen. Da im ausgehenden 19. Jahrhundert die Sexualität das am meisten verdrängte Triebgebiet war, ist es auch nicht verwunderlich, daß Freud hierbei zunächst auf eine Fülle von sexuellen Wünschen und Motiven stieß und dementsprechend auch die Theorie entwickelte, daß jeder Traum einen verhüllten sexuellen Wunsch enthielte. Als sich zunehmend herausstellte, daß dies nicht stimmte, sondern daß es auch andere triebhaft besetzte Bereiche gibt, erweiterte Freud seinen Sexualitätsbegriff, indem er die sogenannte prägenitale Sexualität miteinbezog, das heißt jene lustvollen Erlebnisse, die mit den erogenen

Zonen um Mund, After und Hauterleben verbunden sind. Erst viel später räumte er neben der Sexualität auch der Aggression einen gleichberechtigten Triebcharakter ein, der sich in Vermischung mit dem Sexuell-Triebhaften auch in den Träumen äußerte.

Da diese unangenehmen und verpönten Wünsche natürlich nicht direkt in das Bewußtsein des wiedererwachten Träumers kommen dürfen und die Träume ja, wie wir alle wissen, einen sehr merkwürdigen, unverständlichen und schwer zu enträtselnden Charakter haben, nahm Freud eine Instanz in der menschlichen Psyche an, die er als die Traumzensur bezeichnete. Dieser in der Psyche des Menschen wohnende Zensor hat sozusagen die Aufgabe, die zunächst abstrakt auftretenden Triebregungen zu verschlüsseln und unkenntlich zu machen, indem er sie in Bilder übersetzt, die dem Bewußtsein nicht ohne weiteres verständlich sind. Der Traum ist nach Freud also sozusagen eine Art Bilderrätsel, und die Kunst der Traumdeutung besteht darin, dieses Bilderrätsel wieder aufzulösen und auf die eigentlichen latenten Traumgedanken und Triebwünsche zu kommen, die in diesen Bildern verborgen liegen.

Diese Zweiteilung ist für die Freudsche Traumtheorie außerordentlich wichtig, und man sollte, wenn man mit dieser Theorie arbeitet und vom Traum spricht, jeweils deutlich sagen, ob damit der manifeste Trauminhalt oder die dahinterliegenden Traumgedanken, also der latente Trauminhalt gemeint ist. Wenn man von einem Sinn oder von der Bedeutung eines Traumes spricht, so kann in der Freudschen Analyse immer nur das zweite darunter verstanden werden, da die Bedeutung der manifesten Traumbilder immer erst durch den dahinterliegenden latenten Trauminhalt erschlossen werden kann. Um also einen Traum zu deuten, muß sich derjenige, der den Traum deuten will, in die Rolle des Zensors hineinversetzen und dessen Arbeit in umgekehrter Reihenfolge noch einmal nachvollziehen und sie dadurch rückgängig machen. Erst auf Grund der

Durchführung dieses Prozesses kann nach Freud eine Aussage darüber gemacht werden, was der betreffende Traum bedeutet.

Nun sind es natürlich nicht nur die sogenannten Es-Impulse, das heißt die Triebwünsche, die wir in einem Traum finden, sondern es gibt noch zwei andere Kategorien des latenten Trauminhaltes, wovon die erste alle die nächtlichen Sinneseindrücke umschließt, die während des Schlafes fortwährend auf den Träumer einwirken, wie zum Beispiel bestimmte Geräusche, die von der Straße oder vom Garten durch das Fenster ins Zimmer dringen, Bewegungen anderer Menschen, die im selben Raum schlafen, das Schrillen des Weckers, aber auch innere Empfindungen wie Schmerzen, Stuhl- und Urindrang oder Hitze und Kälte. Am bekanntesten von derartigen inneren Eindrücken sind wohl die Träume, die im Hungerzustand auftreten, wobei dann besonders von sehr umfangreichen und opulenten Mahlzeiten geträumt werden kann.

Die zweite Kategorie, die bei der Beurteilung und auch bei der Deutung der Träume in der Freudschen Psychoanalyse eine sehr große Rolle spielt, ist die der Gedanken und Vorstellungen, die uns am vorausgegangenen Tag beschäftigt haben, und zwar insbesondere diejenigen, die für uns Sorgen oder Probleme mit sich brachten oder die mehr oder weniger auffällig auf ein unterdrücktes Triebbedürfnis angesprochen haben. Für diese Kategorien hat Freud einen besonderen Ausdruck eingeführt, indem er von den Tagesresten oder dem rezenten Traumauslöser spricht. Freud nahm an, daß Tageserlebnisse, die harmonisch beglückend und ruhig verlaufen, in der Regel nicht in den Traum aufgenommen werden, sondern daß gerade die Episoden, die Schuldgefühle wecken, Affekte mobilisieren, Sorgen und Kummer erregen oder die Tendenz haben, uns zu etwas zu verführen, wovor wir eigentlich Angst haben, diejenigen sind, die es dann nötig haben, im Traum verarbeitet zu werden. Gerade auf diese Art und Weise wird dann auch derjenige Traum wichtig für die analytische Behandlung, der relativ wirklichkeitsgetreu irgendein banales Tageserlebnis wiederholt. Wir nehmen ja während des Tages eine ganze Unzahl von derartigen Erlebnissen in uns auf, und die Tatsache, daß der Traum aus der Fülle dieser Erlebniseindrücke, die während des Wachseins von uns aufgenommen werden, gerade dieses eine aussucht, um es im Traum wieder auftreten zu lassen, läßt darauf schließen, daß es mit diesem seine besondere Bewandtnis hat. Bemüht man sich darum, hinter diesem banalen manifesten Trauminhalt auf die latenten Traumgedanken und -vorstellungen zu kommen, so stößt man in der Regel auf einen abgewehrten Triebwunsch, der gerade in dieser Situation während des Tages anklang bzw. mobilisiert wurde.

Charakteristisch für die Freudsche Traumdeutung ist der große Wert, der auf die Kindheit gelegt wird. Grundsätzlich geht man von der Annahme aus, daß die hinter dem manifesten Trauminhalt stehende Latenz bis weit in die Kindheit zurückreicht, wo infolge des Erziehungs- und Sozialisationsprozesses die entscheidenden Verdrängungen stattgefunden haben und der Charakter des betreffenden Menschen mit seinen spezifischen Abwehrformen und Verdrängungstendenzen geformt wurde. So reichen die Wurzeln des Traumes immer bis weit in unsere Kindheit zurück, und eine analytische Bearbeitung der Träume mobilisiert in der Freudschen Analyse an erster Stelle diese von uns längst vergessen geglaubten Erlebnisse, Wünsche, Gefühle, Hoffnungen, Sorgen und Kümmernisse der Kinderzeit.

Es ist nun charakteristisch, daß die Entschlüsselung der Träume für den Träumer selbst praktisch unmöglich und für den ihn behandelnden Analytiker sehr schwierig ist, da es nur sehr mühsam gelingt, dem Patienten den latenten Trauminhalt wirklich ins Bewußtsein zu bringen, und zwar so, daß er diesen akzeptieren kann. Der Grund hierfür sind die sogenannten »Widerstände«, womit diejenige Abwehr der verpönten unangenehmen Wünsche und Gefühle gemeint ist, die eben gerade ihre Unterdrückung und ihre Verdrängung hervorgerufen hat. So ist es außerordentlich mühsam, einem hochgradigen Idealisten klarzumachen, daß er in seinem Unbewußten sehr massive materialistische Vorstellungen, Gedanken und Wünsche hat, genauso wie das Umgekehrte auch zutrifft. Das, was der Traum aus der Verdrängung nach oben bringen will, sind ja eben gerade diejenigen Seiten und Anteile der Persönlichkeit, die der Betreffende an sich selber nicht leiden kann und nicht wahrhaben möchte. So wird zum Beispiel ein heutiger, sehr moralischer amerikanischer Präsident, der sich intensiv für die Herstellung der Menschenrechte auf dieser Welt einsetzt, wohl kaum gern hören, daß er auch eine höchst unmoralische, destruktive Seite in sich hat, die man nur sekundär daraus erschließen kann, daß er sich für den Einsatz der Neutronenbombe ausspricht. So tritt nach Freud der Traum immer gerade für die verfemte und abgewehrte sexuelle oder aggressive Seite ein, und es ist für den Heilungsprozeß einer Neurose notwendig, eben gerade diese Seite ins Bewußtsein und in den Bereich einer bewußten Auseinandersetzung zu bringen, da nicht alles, was unser durch eine bestimmte Erziehung geprägtes Bewußtsein für falsch oder schlecht hält, es auch tatsächlich im Sinne einer Persönlichkeitsentwicklung ist. Die Abwehr und die Widerstände gegen das Bewußtwerden dieser Anteile verursachen aber eine Art blinden Fleck, der es dem Betreffenden unmöglich macht, eben gerade das in seinen Träumen zu sehen und zu erkennen, und es ist oft erst ein längerer analytischer Prozeß notwendig, um diese Abwehr abzubauen.

Im Gegensatz zu Freud faßt Jung das Unbewußte als etwas dem Menschen a priori Mitgegebenes auf, das heißt, daß es sich bei den Inhalten des Unbewußten nicht nur um Dinge handelt, die im Verlaufe des persönlichen Lebens unbewußt geworden sind. Vielmehr stellt das Unbewußte den Mutterboden dar, aus dem das Bewußtsein überhaupt entsteht. Es enthält dementsprechend zwei Bereiche, die natürlich in praxi ineinander übergehen, aber sich doch voneinander unterscheiden lassen.

Der eine Bereich enthält alle diejenigen Inhalte, die, wie es auch der Freudschen Konzeption entspricht, einmal innerhalb der persönlichen Lebenssphäre aufgenommen wurden und dann vergessen, verdrängt, unterdrückt oder nur unterschwellig wahrgenommen worden sind. Diesen Bereich bezeichnete Jung als das persönliche Unbewußte. Ihm stellte er einen zweiten Bereich, das »kollektive Unbewußte«, gegenüber. Dieses kollektive Unbewußte enthält die oben zuerst genannte Funktion des Mutterbodens für das Bewußtsein. Es umfaßt also Inhalte, die nicht aus persönlichen Erfahrungen, sondern aus den ererbten Möglichkeiten des psychischen Funktionierens überhaupt stammen. Beobachtungen an den verschiedensten Individuen, zu verschiedensten Zeiten und in den verschiedensten Kulturen haben ergeben, daß die Manifestationen des Unbewußten wie Träume, Phantasien, Mythologiebildungen und anderes eine gleiche Grundstruktur aufweisen und bestimmte psychische Funktionskomplexe, die Jung als die Archetypen bezeichnet hat, sich unabhängig von Rasse, Kultur oder Zeitalter in den gleichen Motiven und Bildabläufen äußern. Zwar sind diese Bilder immer von der umgebenden Kultur gefärbt und werden auch entsprechend den kulturellen sozialen Strukturen mobilisiert, aber die Grundstruktur bestimmter Mythologeme wie etwa der Heroenmythe im Kampf mit übermächtigen Naturgewalten und Göttern ist überall gleich. In dieser Konzeption liegt ein grundsätzlicher Unterschied zu dem Modell vom Unbewußten, wie Freud es beschrieben hat. Das kollektive Unbewußte stellt einen autonomen Funktionskomplex mit einer primär gegebenen Struktur dar, indem wie in einem Samenkorn die Entwicklungs- und Reifungsmöglichkeiten der typischen humanen Psyche bereits vorgegeben sind. Diese Reifungs- und Entwicklungsmöglichkeiten des menschlichen Seins in der Welt überhaupt können von der Umgebung, das heißt Familie oder Gesellschaft, gefördert, aber auch unterdrückt oder gehindert werden. Das kollektive Unbewußte erhält damit einen prospektiv-finalen Charakter, da es durch die Herstellung von Sinnbildern in der Lage ist, diese mit dem Triebhaften zu verknüpfen und somit dem psychischen Prozeß Richtung zu geben. So gibt das Unbewußte dem Bewußtsein Wissen und Erkenntnisse über einen zunächst unbewußt verlaufenden Prozeß seelischer Reifung und Entwicklung. Diese Reifungs- und Entwicklungsmöglichkeiten und diese Verknüpfung psychischer richtunggebender Prozesse mit triebhaften Energien sind bevorzugt in den Träumen enthalten.

Der Traum wird in der Analytischen Psychologie als ein natürliches psychisches Phänomen aufgefaßt, das nicht durch einen bewußten Willensakt hervorgerufen wird, sondern sich spontan ereignet. Dementsprechend kann er sich auch nicht einseitig kausal deterministisch auf einen hypothetischen Triebwillen oder Triebwunsch zurückführen lassen, der lediglich durch andere Instanzen (wie die Traumzensur) verschleiert oder verschlüsselt wird. Der Traum steht auch nie für sich allein, sondern ist eingebettet in die Gesamtheit der Erlebnisvorgänge einer bestimmten menschlichen Psyche. Sein Sinn kann daher nur erfaßt werden, wenn man, anstatt nach einer bestimmten Ursache zu suchen, den Versuch unternimmt, eine möglichst große Anzahl von Bedingungen zu erfassen, aus denen heraus das Phänomen verstehbar wird, und diese in einen Sinnzusammenhang mit dem Gesamt der Psyche und ihrer Entwicklung bringt.

Ich möchte nun zunächst eine Aufstellung von möglichen Bedingungen geben, die zum Verständnis eines Traumes im wesentlichen beachtet werden sollen:

1. Der Traum kann die unbewußte Reaktion auf eine bewußte Situation darstellen.

2. Der Traum stellt eine Situation dar, die aus einem Konflikt zwischen dem Bewußtsein und dem Unbewußten entstanden ist.

3. Der Traum stellt eine Tendenz des Unbewußten dar, die darauf abzielt, eine bestimmte bewußte Einstellung zu verändern.

4. Der Traum stellt unbewußte Prozesse dar, die keine Beziehung zum Bewußtsein erkennen lassen. Derartige Prozesse können zum Beispiel sein:
a) somatische Störungsquellen, wie Organsensationen, Netzhautreize, Reize, die das Gehör treffen u.ä.;
b) von der psychischen Innenwelt her bedingt und aus kreativen Quellen entspringend;
c) aus psychischen Ereignissen der Umwelt bedingt, wozu etwa die Abhängigkeit von Jahreszeit und Klima gehört. (So meinte schon Tertullian in der frühchristlichen Zeit, daß das Frühjahr ruhige, der Herbst gereizte Träume brächte. Es gibt auch Untersuchungen, die festgestellt haben, daß die Traumzahl bei schlechter Witterung, bei Sturm und bei fallendem Barometer zunimmt);
d) durch psychische Ereignisse der Umwelt hervorgerufen, die sowohl die Vergangenheit als auch die Zukunft des Träumers betreffen.

5. Der Traum kann eine Wiederholung von vorausgegangenen Erlebnissen sein. Diese sogenannten Reaktionsträume, die besonders auf psychische Schockerlebnisse folgen können, wiederholen dann einmal oder mehrere Male das traumatische Erlebnis. Hierzu gehören insbesondere Träume von bestimmten Kriegssituationen.

6. Der Traum stellt unbewußte Inhalte dar, die entweder ihre ursprüngliche Beziehung zum Bewußtsein längst verloren oder eine solche nie gehabt haben. Hierher gehört das Neuauftauchen von bestimmten Erlebnisqualitäten und deren Verarbeitung etwa innerhalb der verschiedenen Reifungsstufen der menschlichen Entwicklung und des Lebenslaufes wie auch das Wiederanknüpfen an sehr früh blockiertes Erleben.

7. Endlich kann der Traum auch künftige Inhalte der Persönlichkeit darstellen, die aber in der Gegenwart als solche nicht erkannt werden. Das heißt beispielsweise, daß der Traum bei einem Mittdreißiger Bilder entwirft, wie die Persönlichkeit des Träumers in zehn Jahren aussehen könnte.

Berücksichtigt man alle diese Konditionen, unter denen ein Traum zustande kommen kann, und bettet man ihn dann sinngemäß in das Gesamt einer bestimmten menschlichen Persönlichkeit ein, dann kann die Erschließung seines Sinnes nicht dadurch erfolgen, daß man ihn wie ein Bilderrätsel entschlüsselt, sondern dadurch, daß man ihn wie eine ursprünglich fremde und unbekannte Sprache allmählich zu verstehen lernt. In der Analytischen Psychologie wird der Traum also mehr wie eine unbekannte Inschrift oder ein unverständlicher Text gesehen. Dieser Text hat nicht wie das Bilderrätsel eine Fassade, hinter der bestimmte, ganz anders lautende Abstraktionen zu suchen sind, sondern er kann von uns zunächst einfach nicht gelesen werden. Es handelt sich um eine unserem Bewußtsein unbekannte und fremde Sprache, die wir, um sie unserem heutigen Bewußtsein verständlich zu machen, übersetzen müssen. So hat Erich Fromm einmal sicher mit Recht den Traum als die einzig noch existierende archaische Universalsprache der Menschheit bezeichnet.

So geht die Traumdeutung der Analytischen Psychologie darauf aus, diesen fremden und uns unverständlichen Text zunächst einmal lesen zu lernen. Als eine entsprechende Metapher könnte hier vielleicht das Erlernen der chinesischen Wortschrift benutzt werden, die jeweils für ein ganzes Wort ein bestimmtes Zeichensymbol hat. So gibt es in dieser Schrift zum Beispiel ein bestimmtes Zeichen für »glückliche Ehe«. Wenn wir dieses Zeichen lesen und übersetzen, dann ist es nicht etwa nur ein Deckzeichen für einen sexuellen Trieb, obwohl durchaus Sexuelles und Erotisches in ihm enthalten ist, sondern es enthält einen ganzen Vorstellungskomplex mit einer Vielfalt von Gegebenheiten, die in diesem Begriff enthalten sind. Das Verstehen des fremden Schriftzeichens entsteht dann dadurch, daß in dem Übersetzer ein ganzer Vorstellungs- und Gefühlskomplex angesprochen und psychisch nachvollzogen wird.

Nehmen wir hierfür einmal ein Beispiel: Eine Patientin

träumt sich als eine Nymphe in einem See schwimmend. Deutet man diesen Traum nach Freud, so könnte er als ein Ausdruck der Sexualverdrängung angesehen werden. Da, wo andere Menschen ihr Genitale haben, wünscht sich diese Patientin einen Fischschwanz, der zudem noch kalt ist. Nach der Theorie von Jung würde man hier aber eher an die Analogien dieser Figur in Märchen und Mythen denken und zu verstehen suchen, welchen Sinn diese merkwürdige Figur der Nymphe eigentlich hat. Wir könnten dann feststellen, daß Nymphen Naturwesen sind, die von Anfang an so waren wie sie sind, und wir würden folgern, daß es sich hier vielleicht um einen noch nicht entwikkelten Persönlichkeitsanteil im Bereich der Weiblichkeit der Träumerin handelt, der die Tendenz aufweist, bewußt zu werden, sich aber noch im Unbewußten befindet. Dem würde dann entsprechen, daß die Nymphen in vielen Märchen und Mythen, wie etwa auch in dem bekannten Märchen von Andersen »Die Meerjungfrau«, eine starke Sehnsucht und Tendenz zur Menschwerdung zeigen. Es handelt sich dann in dem Traumbild eher um den Ansatz von etwas Neuem, noch Unbekanntem, das aus der Natur heraus, das heißt der inneren Natur, zur Bewußtwerdung drängt, und in dieser Figur wird eine Tendenz ausgedrückt, die zu einem allmählichen Reifungs- und Entwicklungsvorgang führen könnte.

Kehren wir noch einmal zu der Metapher des chinesischen Schriftsymbols von der glücklichen Ehe zurück und spinnen wir dieses etwas weiter aus, so werden wir in einem Traumsymbol, dessen Inhalt sich auf »glückliche Ehe« bezieht, nicht nur Vorstellungs- und Gefühlsinhalte aus dem persönlichen Erleben des Träumers dargestellt finden, sondern entsprechend der Lehre vom kollektiven Unbewußten auch kollektives Material. Dieses kollektive Material kann durchaus im Gegensatz zu den Dominanten des derzeitigen kollektiven Bewußtseins stehen, das heißt den Idealvorstellungen der Gesellschaft, in der das Individuum lebt, widersprechen. Ist das Ich des Betreffenden in der Lage, diesen Gegensatz richtig zu verarbeiten, so braucht der Prozeß keineswegs immer zu einer Anpassung an den gegenwärtigen Bewußtseinsstand der Kultur zu führen. Es kann vielmehr zu einer sinnvollen Neugestaltung von Inhalt, Form und Erleben einer dauerhaften Beziehung zwischen zwei Menschen verschiedenen Geschlechtes kommen, die unter Umständen über den augenblicklichen Standort der Gesellschaft hinausgreift in eine zukünftige Entwicklung.

Das einzelne Individuum wird dadurch nicht nur für sich selbst im Sinne seiner eigenen Individuation dazu veranlaßt werden, bisherige Formen und Inhalte aufzugeben, sondern es muß unter Umständen auch den Mut besitzen, für seine eigene Wahrheit, die vielleicht nicht den kollektiven Normen entspricht, gegenüber der Umwelt einzutreten.

Aus diesem Zusammenhang ergibt sich auch die Auffassung der Analytischen Psychologie, daß die Neurose nicht nur als ein krankhafter Vorgang aufzufassen ist, bei dem ein Teil der Persönlichkeit in kindlichen Erlebnis- und Verhaltensweisen steckengeblieben ist und die notwendige Anpassung an die existierende Gesellschaft vermissen läßt. Die Neurose ist vielmehr auch unter einem sozio-historischen Gesichtspunkt zu betrachten, wobei gerade der an einer neurotischen Symptomatik Erkrankte zu denjenigen Persönlichkeiten gehören kann, deren psychische Situation auf das Krankhafte der gesellschaftlichen Bedingungen hinweist und auf eine zukünftige Weiterentwicklung hinzielt. Die neurotischen Symptome entstehen dann dadurch, daß von einem nicht genügend aufgeschlossenen labilen oder ängstlichen Ich diese Entwicklungstendenzen abgewiesen, verdrängt oder nicht realisiert werden. Die Neurose wird dann zum Ausdruck einer nicht gelebten Kreativität, weil nicht das Individuum nur als einzelnes krank ist, sondern auch die gesellschaftlichen Bedingungen, unter denen es lebt. Die Träume der betreffenden Individuen können dann Hinweise darauf geben, in welcher Richtung diese Umgebungseinflüsse geändert werden müßten. Es kann so durchaus möglich sein, daß die Umweltbedingungen die krankhaften sind und das an die Umweltbedingungen angepaßte Individuum eher das Kranke ist, während das nicht-angepaßte eigentlich das ist, das über ein Stückchen Mehr an Gesundheit verfügt.

Die wesentlichen Unterschiede zwischen der Jungschen und der Freudschen Traumtheorie sind also die, daß Jung den Traum viel mehr unter einem ganzheitlichen Aspekt sieht und den Zusammenhang innerhalb des einzelnen Traumes ebenso wie auch den Zusammenhang von Traumserien betont. Träumt ein Patient zum Beispiel von einem schwarzen Hut, so werden nicht Assoziationen zu der Farbe schwarz und dem Objekt Hut gesammelt, sondern es wird nach dem Sinngehalt oder der Bedeutung eines schwarzen Hutes gefragt. Weiterhin entfällt die Unterteilung in einen manifesten und einen latenten Trauminhalt. Dafür wird von der Voraussetzung ausgegangen, daß der Traum eine eigene Sprache spricht, eine symbolische Sprache, und daß der Sinn dieser Symbolik erschlossen werden muß. Dies schließt aber doch ein, daß die Bedeutung und der Sinn eines Traumes bzw. der Traumsymbolik in die Umgangssprache des Bewußtseins übersetzt anders aussieht als in der Traumsprache selbst. Das heißt, man muß, um gewissermaßen in unserem Beispiel zu bleiben, einen chinesischen Text in eine deutsche Sprache übersetzen. Neben einigen anderen mehr wissenschaftlich-theoretischen Unterschieden betont die Jungsche Theorie außerdem in weitaus stärkerem Maße den prospektiven, das heißt in die Zukunft weisenden Charakter des Traumes insofern, als der Traum nicht nur auf verdrängte Triebwünsche hinweist, sondern Lösungsentwürfe für psychische Probleme oder innere Reifungsprozesse anbietet, die vom Bewußtsein aufgegriffen und ernst genommen werden sollten. Die Auslegung bzw. Deutung eines Traumes ist für Jung dann sinnvoll, wenn sie dem Träumer weiterhilft und von diesem auch früher oder später akzeptiert werden kann. In diesem Zusammenhang zitiert Jung auch die Feststellung Kants, daß Begreifen nichts anderes heiße als »in dem Grade ... erkennen, als es zu unserer Absicht hinreichend ist«. Die Deutung von Träumen und Phantasien wird dementsprechend auch verstanden wie die Deutung eines literarischen Kunstwerkes, eines Gemäldes oder einer gotischen Kathedrale. Solche Kunstwerke sind die einzigartigen Äußerungen eines bestimmten menschlichen Geistes, deren Wesen und deren Sinn in letzter Konsequenz erlebt werden muß und nicht nur allein rational erklärt werden kann. Der Traum wird also viel mehr und viel stärker von seinem eigentlichen Phänomen her begriffen und verstanden, und die Traumdeutung Jungs kommt an dieser Stelle der Traumtheorie, die wir als nächste besprechen wollen, nämlich der daseinsanalytischen, bereits relativ nahe.

Die daseinsanalytische Auffassung oder Betrachtungsweise, die rein phänomenologisch ist und die dementsprechend nur das reine Phänomen betrachtet und beschreibt ohne Hintergrundstheorien, beruht auf einem bestimmten Verhältnis von Subjekt und Objekt, Bewußtsein und Gegenstand, Mensch und Welt. Mensch und Welt bedingen sich gegenseitig, wobei unter Mensch im allgemeinen das verstanden wird, was wir in der Umgangssprache auch als Ich bezeichnen, das heißt, daß der Mensch bzw. das Ich das Erlebende ist im Gegensatz zur Welt, die das Erlebnis darstellt bzw. zum Erlebnis wird. Das Wesen des Menschen besteht darin, erleben zu können, das Wesen der Welt darin, erlebt zu werden. So ist in daseinsanalytischem Sinne das menschliche Dasein gar nicht vorstellbar außer in bezug auf die ihm begegnenden Dinge und Mitmenschen, und das »In-der-Welt-Sein« des Menschen bezieht sich auf die gegenseitige Bezogenheit von Mensch und Welt bzw. Mensch und Mitmensch, wobei Subjekt und Objekt niemals voneinander getrennt untersucht und betrachtet werden können, sondern nur in ihrer Beziehung zueinander. Es gibt bestimmte Arten des In-der-Welt-Seins, es gibt bestimmte Verhaltensmöglichkeiten, Daseinsmöglichkeiten und Existenzmöglichkeiten, und es gibt bestimmte Grade der Weltoffenheit eines Menschen, die sich aus dem Grad seiner Entfaltung, seiner Beziehungsmöglichkeiten zu alledem, was ihm in der Welt begegnet, ergeben. Dementsprechend wird auch der Begriff des Unbewußten von den Daseinsanalytikern weitgehend abgelehnt, da er eine überflüssige und irreführende Hypothese bedeute. Der Traum ist somit nur eine »eigene Weise oder Modifikation des menschlichen Daseins«, und es handelt sich bei ihm einfach um etwas, was wir erlebt haben. Im Traum und im Wachen handelt es sich um dieselbe Person, und diese selbe Person hat wachend oder träumend ihre bestimmten Weltbezüge.

Der Hauptvertreter der daseinsanalytischen Richtung, der Schweizer Medard Boss, schreibt nun dem Traum gewisse Eigenheiten zu, die sowohl für seine Auslegung als auch für seine therapeutische Anwendung wichtig sind:

1. Im Traum ist der Träumer ganz besonders oft und intensiv auf eine einzige, ganz bestimmte Grundstimmung »versammelt«, wobei er in der Traumwelt Dingen und Menschen begegnen kann, an die er nie mehr gedacht hatte und deren seelische und leibliche Gestalt er im Wachen nicht mehr hätte beschreiben können. Sie können ihm so leibhaftig begegnen, als wäre es erst gestern gewesen. Es sind Dinge und Menschen, deren Wesen und Seinsart, deren Verhaltensweisen genau denjenigen entsprechen, in denen sich der Träumer aus seiner Stimmung heraus gerade bewegt. So können auch Dinge und Mitmenschen aus seiner frühesten Kindheit leibhaftig dem Träumer begegnen, als wäre es erst gestern gewesen, selbst wenn es im Wachen nicht im entferntesten möglich gewesen wäre, sich dieser Gegebenheiten so genau zu erinnern.

2. An was wir im Wachen nur denken oder was wir uns im Wachen nur vorstellen, das kann uns im Traum leibhaftig begegnen. Denken wir nur flüchtig an eine bestimmte Person, die uns im Wachzustand wenig berührt, so kann es geschehen, daß

wir im Traum leibhaftig mit dieser Person zusammentreffen und uns mit ihr auseinandersetzen.

3. Schließlich zeigt die Erfahrung, daß im Traum das geschieht, was im wachen Leben hätte wahrgenommen werden oder sich hätte ereignen sollen, aber aus irgendwelchen inneren oder äußeren Gründen noch nicht zureichend zur Geltung und zu seiner Entfaltung gelangen konnte.

Um dieses daseinsanalytische Traumverständnis zu erfassen und um diese Art der Traumauslegung zu verstehen, ist es am günstigsten, ein Beispiel darzustellen, das ich dem neuesten Buch von Medard Boss: »Es träumte mir vergangene Nacht« entnehme. Es handelt sich um den Traum eines zwanzigjährigen gesunden Schweizer Rekruten, der folgendermaßen lautete: »Ich hatte heute einen Traum von meiner ersten großen Liebe, einem Mädchen, das mir im Wachen schon seit mindestens zwei Jahren nicht mehr in den Sinn kam. Im Traum traf ich zufällig mit diesem Mädchen zusammen. Wir setzten uns auf eine Bank. Woran ich mich besonders gut erinnere, ist, daß ich ihre Hand halten durfte. Aber dann war der kurze Traum leider schon zu Ende.«

Die »Auslegung« dieses Traumes von Medard Boss wird nun wie folgt durchgeführt: »Träumend geht dieser junge Mann mit Leib und Seele in der zärtlichen Beziehung zu seiner ersten Geliebten auf. Sein ganzes Wesen ist in diese eine Traumbeziehung eingelassen. Er ist glücklich, daß er die Hand des Mädchens halten darf. Auf ein Glücklich-Sein ist unser Existieren jeweils in sich und als Ganzes bestimmt, wenn ihm der Austrag wesentlicher Lebensmöglichkeiten offensteht. ... Der Weltbereich, den das Existieren unseres Träumers offenzuhalten vermag, ist weit genug, um seiner ersten Geliebten eine sehr nahe, sinnenhaft wahrnehmbare gegenwärtige Anwesenheit gewähren zu können. Sie hätte ihm aber zweifellos nicht – auch träumend nicht – unversehens im Anwesenheitsmodus sinnenhaft wahrnehmbarer Gegenwärtigkeit wieder in seinen Weltoffenheitsbereich hinein erscheinen können, hätte sie nicht doch die ganzen letzten zwei Jahre seines Wachens über, während deren sie ihm nie mehr in den Sinn gekommen war, immerzu in seiner Welt verweilt. ... In der Weise eines unthematischen, nicht eigens bedachten Währens und Anwesens ganz am Rande seiner Sicht hielt sie sich für ihn weiterhin in seiner ›Welt‹ auf. ... Unserem Träumenden genügte offenbar das Händchenhalten zu seinem Glück. Wäre der Träumer ein wesentlich älterer Mann gewesen, hätte er nicht seine Kinderzeit und Jugend in der offiziell allem sinnlichen Lieben eher abholden Innenschweiz verbracht, müßte man auf Grund eines solchen Traumes an eine neurotische Reifungshemmung denken, die nur psychotherapeutisch zu beheben wäre. Dann hätte man dem Erwachten gegenüber sein Erstaunen darüber zeigen dürfen, daß die Liebesbeziehung während seines Träumens so früh schon haltmachte und sich nicht zu einem viel umfassenderen erotischen Mit-einander-Sein zu entfalten vermochte. Dieses therapeutische Erstaunen des Therapeuten hätte den Mann wohl überhaupt erst innewerden lassen, daß die Beschränkung, die sich sein Traumverhalten gefallen läßt, keine Selbstverständlichkeit ist. Das hätte für ihn vermutlich eine große Neuigkeit bedeutet. Wahrscheinlich hatte er sein Lebenlang noch nie von erlaubteren, freieren Verhaltensmöglichkeiten einem weiblichen Wesen gegenüber gehört. ... Zudem bedeutet es für ihn ein gewisses Mutmachen, sich in ein solches einzuüben, wenn der Analytiker über die ›Bravheit‹ staunt. Beides therapeutisch wertvolle Hilfen.«

Es dürfte an diesem kurzen Beispiel deutlich werden, wie der Daseinsanalytiker sich in seiner besonderen Sprache äußerst intensiv, liebevoll und ausführlich in die Phänomenologie dieses Traumes versenkt, sie beschreibt, die vielen Aspekte und Schattierungen des manifesten Traumes deutlicher und bewußt werden läßt, um schließlich auf zusätzliche und andere Möglichkeiten auch des träumend In-der-Welt-Seins hinzuweisen.

Dabei wird deutlich vermieden, hinter diesen Phänomenen irgend etwas anderes zu sehen als das, was sie in ihrem So-Sein darstellen.

Natürlich habe ich hier die drei Traumtheorien, die in ihrem vollständigen Entwurf ungleich komplizierter und vielschichtiger sind, nur in ihren wesentlichen Punkten, den groben Zügen ihrer Grundstruktur und in ihren Hauptunterschieden dargestellt. Jeder, der sich damit näher beschäftigen oder wer Träume von einer dieser Theorien her verstehen will, muß sich notwendigerweise ausführlich mit diesen Theorien beschäftigen.

DER TRAUM ALS DRAMA

Da wir uns nun näher mit den Komponenten des Aufbaus eines Traumes beschäftigen wollen, möchte ich an den Anfang ein Traumbeispiel aus meiner Praxis stellen. Eine dreißigjährige Patientin träumte in der 97. Behandlungsstunde: »Ich ging im Wald spazieren. Irgend jemand war noch bei mir. Plötzlich sah ich eine große, grüne Schlange; sie kam wütend auf uns zu. Ich wollte meinen Partner vor der Schlange beschützen, denn ich hatte keine Angst vor ihr. Ich wußte auch, daß die Schlange besonders meinen Partner angreifen wollte. Mein Partner hatte Gelegenheit, fortzulaufen. Jetzt war ich mit der Schlange alleine, ich wollte sie ablenken, um dann auch entwischen zu können. Die Schlange merkte das und biß mich dafür, daß ich weglaufen wollte, in die Hand. Es tat sehr weh. Außerdem dachte ich, daß die Schlange mich eventuell vergiftet hat. Ich lief schnell zu unserer Kinderärztin, verlangte dort bevorzugte Behandlung, da ich Angst hatte, daß das Gift schnell wirken könnte. Ich wurde böse, als ich nicht gleich behandelt wurde. Als sich die Kinderärztin meine Hand besah, fing sie an, mich auszulachen, und fragte mich, ob ich wirklich ernsthaft geglaubt hätte, daß mich eine Giftschlange gebissen hat. Ich wertete dies als Angriff. Sie fragte mich, ob sie zu meiner Beruhigung die Wunde mit etwas Alkohol auswaschen sollte. Ich war wütend und sagte ihr, daß ich das dann auch allein könnte. Ich hatte irgendwie das Bedürfnis, wieder mit der Schlange zusammenzutreffen. Ich spürte, der Biß war gerecht; wenn ich das der Schlange sagen könnte, würde sie mir helfen können.«

Hört man diesen Traum, so wirkt er wie eine kleine dramatische Geschichte, eine Erzählung oder Novelle, die einen Höhepunkt erreicht, um dann auf einen etwas überraschenden Schluß hinzusteuern. Es ist ein vollständiges, in sich geschlossenes Erlebnis, allerdings mit einem offenen Schluß. Das Unbewußte der Patientin entwirft zunächst eine friedliche Landschaft, den Wald, in dem sie mit einem Partner spazierengeht. Plötzlich tritt ein außerordentliches, dynamisches und dramatisches Ereignis ein. Die wütende grüne Schlange erscheint. Sie greift den Partner der Patientin an. Die Patientin ihrerseits handelt jetzt so wie eine echte Heroine in einem Märchen, indem sie sich schützend zwischen den Partner und den gefährlichen Feind wirft, um ihrem Begleiter die Gelegenheit zu geben, sich in Sicherheit zu bringen. Dann erfolgt so etwas Ähnliches wie der aus vielen Märchen und Mythen bekannte Kampf mit dem Drachen, hier in diesem Fall ein Kampf der Schlange mit dem Mädchen, wobei das Mädchen eine Verwundung davonträgt. Die nächste Szene führt die Patientin zu einer Ärztin, und zwar sonderbarerweise zu einer Kinderärztin, was eine bestimmte Bedeutung haben muß. Bei einem freien Spiel der Phantasie nämlich hätte sich die Patientin auch ohne große Mühe einen Facharzt für Tropenkrankheiten träumen können, zu dem sie mit dem Schlangenbiß ginge. Sie ist nach diesem Biß voller Angst und Entsetzen wegen der möglichen Vergiftung, erhält aber von ihrer Kinderärztin die Auskunft, daß der Biß harmlos sei, und wird zudem wegen ihrer Ängste ausgelacht, da sie das ohne weiteres selber hätte erkennen können. Von der Logik des Bewußtseins her ist es natürlich kompletter Irrsinn, von einem Menschen, der in unseren Breiten aufgewachsen ist und der von einer ihm unbekannten Schlange gebissen wird, zu verlangen, daß er darüber Bescheid weiß, ob der Biß giftig oder ungiftig und damit harmlos ist. Das Unbewußte hat hier aber offenbar eine ganz andere Logik und ist gewissermaßen durch die Gestalt der Ärztin hindurch der Ansicht, daß die Angst des Traum-Ich lächerlich und kindisch ist und die Patientin es hätte wissen müssen. Nachdem sie diese für sie bittere Erkenntnis, die ihr ja auch noch relativ hart mitgeteilt wird, geschluckt hat, erfolgt die überraschende Wende. Anstelle der Schlange ist jetzt zunächst die Patientin wütend, was wiederum verständlich ist. Der Affekt ist also von dem Tier zum Menschen übergewandert. Nun aber kommt etwas, was sich echt so anhört, als ob es ein Märchenmotiv sei. Die böse Schlange, die erst so gefährlich war, verändert ihren Charakter. Sie wird zu einem hilfreichen Tier, so wie wir es aus vielen Mythen und Märchen kennen. Die Patientin hat jetzt das ausgesprochene Bedürfnis, diese Schlange wiederzufinden, um deren Hilfe, eine Hilfe, so würden wir sagen, aus dem animalischen Bereich des Unbewußten, in Anspruch zu nehmen. Mit diesem Entschluß endet dann die Traumerzählung.

Sieht man einen Traum wie diesen einmal unter mehr literarischen Gesichtspunkten an, so entdeckt man, daß seine Struktur alle Elemente eines kleinen Dramas enthält. Ein bestimmtes Thema in einer bestimmten Zeit und an einem bestimmten Ort wird aufgerollt und entworfen. Dann erfolgt ein dramatischer Höhepunkt, der zum Guten oder aber auch zu einer Katastrophe führen kann. Und schließlich wird das Problem gelöst und ein sinnvoller Abschluß gefunden.

Wenn man über lange Zeit mit vielen Träumen zu tun hat oder sich die eigenen Träume möglichst vollständig in Erinnerung ruft, so wird man finden, daß man doch relativ häufig eine derartig sinnvolle Struktur, einen solchen dramatischen Ablauf in den Träumen finden kann. Natürlich ist dieser hier erzählte Traum ein besonders günstiges Muster. Durch den symbolischen Charakter, den die meisten Träume haben, ist es für den Laien oder für den Anfänger in der psychotherapeutischen Arbeit mit den Träumen schwer, einen solchen Aufbau zu sehen, ein solches Drama zu lesen und zu verstehen. Es kommt hinzu, daß von vielen Träumen nur Bruchstücke in Erinnerung sind und wir dann leider nur über Teile einer derartigen dramatischen Erzählung verfügen und jede Ergänzung in den Bereich der Spekulation führt. Je stärker ein Mensch aber seine Träume in der Erinnerung behalten kann, desto deutlicher tritt auch ihr dramatischer Charakter hervor.

Die dramatische Struktur des Traumes ist von C.G. Jung relativ früh gesehen und erfaßt worden. Seine Traumdeutung legt großen Wert auf die Erfassung der Ganzheit dieses Phänomens. In einem solchen Traumdrama stehen alle verschiedenen Phasen in einem sinnvollen Bezug zur vorangehenden und nachfolgenden. Sie werden erst aus dem Ganzen heraus verständlich. So erhält in unserem Traum zum Beispiel die Szene mit der Kinderärztin erst ihren Sinn, wenn man um den vorausgegangenen Kampf mit der Schlange und dessen besondere Umstände weiß. Ein weiterer Schritt des Verständnisses aber eröffnet sich, wenn wir um die nachfolgende Wirkung dieser Szene wissen, in der sich der Charakter der Schlange verändert, denn ohne dieses Wissen bliebe die Handlung der Ärztin unter Umständen sträflich leichtsinnig und ihre Abweisung ein medizinischer Kunstfehler. So wird immer das Ganze der Traumerzählung im Auge behalten, und die einzelnen Teile beziehen ihren Sinn eben von diesem Ganzen her.

Es handelt sich hierbei um eine Betrachtung des Traumphänomens, also eines Objekts, die mehr von einem naturhistorischen als von einem naturmechanischen Weltbild ausgeht. Geht man von der letzteren Konzeption, dem naturmechanischen Weltbild, aus, so wird, wie in vielen Bereichen der Naturwissenschaften, das Objekt der Untersuchung in seine einzelnen Teile zerlegt und auf bestimmte Grundeinheiten untersucht, die sich in allen Manifestationen dieses Objektes wiederfinden. Es ist dies der legitime Weg des Vorgehens, den besonders die exakten Naturwissenschaften wie Physik, Mathematik oder Chemie am deutlichsten zeigen. Das zu untersuchende Objekt wird hierbei nie direkt anschaulich als Ganzes gesehen, sondern immer nur indirekt durch eine Analyse oder durch Abstraktionen. Je weiter man auf diesem Wege in die Teilung des Objektes geht, desto geringer wird die Anzahl der möglichen Grundeinheiten, bis man schließlich bei einer nur quantitativen Einheit wie Energie, Kraft, Elementarteilchen oder ähnlichem endet.

Auf diesem Wege erhält man dann Gesetzesbegriffe, mit denen man, da sie einen Teil der Wirklichkeit darstellen, auch Wirkungen erzielen kann. Dem Prozeß entsprechend geht allerdings von dem zu untersuchenden Gegenstand auf diesem Wege einiges verloren. Eine physikalische Formel ist nicht mehr das Objekt selber und kann auch keine lebendige Anschaulichkeit des Objektes mehr vermitteln. Das gilt für die physikalische, mathematische oder chemische Formel ganz genauso wie für eine Trieb- oder Strukturformel eines Traumes. Es tritt bei diesem Prozeß also eine zunehmende Entseelung, Entdinglichung und Entqualifizierung des Gegenstandes ein.

Bei der mehr naturhistorischen Methode der Untersuchung stellen die Träume in sich dagegen jeweils ein anschauliches Gebilde dar, und das Verständnis eines solchen Gebildes wird auf dem Wege einer vertieften Wesensschau gesucht, bei der die Teile vom Ganzen her verstanden sein wollen und nicht umgekehrt das Ganze von den Teilen her. Auch dieses Vorgehen ist eine durchaus legitime Anschauungsweise des Objektes in der Natur. Das Objekt wird hier eben als Qualität und Form in seiner sinnlich reichen Erscheinung erlebt. Sein Studium erfolgt in einer schauenden Versenkung in die Einzelerscheinung, und die Zusammenhänge der Phänomene untereinander werden nicht mechanistisch-theoretisch in Form von Gesetzen gesucht, sondern als ein anschaulicher Typus oder als eine Gestalt.

Der Konflikt zwischen diesen beiden Weltbildern in der Wissenschaft zieht sich, wie Karl Jaspers es ausführlich beschrieben hat, durch die ganze menschliche Geistesgeschichte hindurch. Wir finden ihn bei dem Gegensatz zwischen Plato und Aristoteles, bei dem Bilderstreit im byzantinischen Kaiserreich, in dem Streit zwischen Goethe und Newton über die Farbenlehre und in den unterschiedlichen Denksystemen bei Kepler und Galilei bis hinein in die Moderne immer wieder. Auch in der Traumdeutung ist dieser Gegensatz zu finden, denn bei der Freudschen Traumdeutung wird der Traum in seine einzelnen Teile zerlegt, während Jung sein Augenmerk mehr auf den Sinnzusammenhang innerhalb des ganzen Traumes und in weiterem Sinne, worauf wir später noch zu sprechen kommen werden, auf den Sinnzusammenhang der einzelnen Träume innerhalb einer Traumserie richtet. Beide Meinungen und beide Vorgehensweisen schließen sich im Grunde genommen keineswegs gegenseitig aus, sondern sie stehen vielmehr in einem sich gegenseitig ergänzenden Verhältnis zueinander, da immer die von einer Methode nicht erfaßbare Seite des Objektes oder des Phänomens von der anderen erfaßt werden und dem Verständnis des Ganzen beigesteuert werden kann.

Kehren wir aber zu dem vorher beschriebenen Traum zurück und fragen wir uns zunächst, was dieses im Unbewußten der Patientin sich abspielende Drama in der augenblicklichen Situation sagen will. Wir müssen hierzu zunächst einiges über die Persönlichkeit und den aktuellen Konflikt der Patientin wissen: Sie war seit zehn Jahren mit einem wesentlich älteren Mann verheiratet und hatte eine gewisse Harmonie ihrer Ehe dadurch erkauft, daß sie sich dem Ehemann völlig untergeordnet hatte. Sie lebte so nicht ihr eigenes Wesen und ihre eigene Persönlichkeit, sondern etwas, von dem sie glaubte, daß es den Wünschen und Vorstellungen ihres Mannes entsprach, wobei sie versucht hatte, jeden Konflikt zwischen ihnen beiden zu vermeiden. Natürlich hatte sich ihre unterdrückte natürliche Persönlichkeit diesen gewaltsamen Eingriff nicht widerspruchslos gefallen lassen, sondern äußerte sich in einer ziemlich schweren neurotischen Symptomatik. Zu diesem Zeitpunkt der Analyse hatte die Patientin das Problem sehen gelernt. Sie hatte die ersten Versuche unternommen, diesen Zustand zu ändern. Hierbei verfuhr sie zunächst so, daß sie alle Schuld an der mißlichen Situation dem Ehemann zuschrieb, den sie jetzt als einen patriarchalen Diktator erlebte, und sie geriet in heftige Konflikte mit ihm. Während dieser gespannten Ehesituation hatte sie den oben beschriebenen Traum.

Übertragen wir den Traum nun auf das Innenwelterleben der Träumerin, so führt er zunächst in einen Naturbereich, den

Wald, der der Ort des Geschehens ist. Symbolisch gesehen dürfte es sich innerhalb dieses Bereiches nicht um etwas Erlebtes oder von der Kultur bzw. der Umgebung Aufgebautes handeln, sondern um den Bereich der ihr von der Natur her mitgegebenen Trieb- und Instinktwelt. Sie befindet sich in der Begleitung einer Person, die nachher als Partner von ihr bezeichnet wird, und so kann man annehmen, daß das aufgeworfene Problem des Dramas eben gerade ihre Beziehung zu ihrem Ehemann, aber auch über diesen hinaus zu allen anderen männlichen Partnern behandelt. Innerhalb dieses Naturbereiches trifft sie auf die wütende Schlange, die offenbar ein ihr selbst innewohnendes Wesen ist. Sie ist ein Symbol für ihre eigene kalte, animalische, beängstigende und zunächst zerstörerische Affektivität, die sich gegen den Partner richtet und ihn angreift, die sprichwörtliche kalte Wut. Wichtig erscheint nun, daß das Traum-Ich der Patientin diesem Affekt entgegentritt und ihn als ein fremdes Gegenüber erlebt. Es heißt in diesem Traum nicht: »Ich bin wütend und greife meinen Partner an, der mich so lange unterdrückt hat«, sondern es heißt: »Ein Affekt ist in mir, der hier in dem Bild einer Schlange auftritt und der meine kalte Wut ausdrückt, und dieser Affekt greift meinen Partner an.« Nun sollte man meinen, daß die Patientin eigentlich erfreut sein müßte, daß die Schlange ihr gewissermaßen die Arbeit abnimmt, den Unterdrücker und Diktator zu vernichten. Aber genau das Gegenteil ist der Fall: Das Traum-Ich der Patientin wirft sich zwischen die beiden, gibt dem Partner die Möglichkeit zu flüchten, kämpft selber mit der Schlange und trägt die Verletzung davon, womit der Höhepunkt der dramatischen Handlung erreicht ist.

Was kann das heißen? Offenbar macht die Patientin in ihrer bewußten Haltung einen Fehler, den das Unbewußte zu kompensieren versucht. Ihr Problem beruht nicht darauf, wie sie zunächst meinte, daß sie von einem diktatorischen Ehemann unterdrückt und in einer kindlichen Abhängigkeit gehalten wird, von der sie sich jetzt mit wütenden Affekten befreien muß. Es liegt vielmehr darin, und das stellt sich nun in der Analyse immer deutlicher dar, daß sie selbst auf der Basis ihrer eigenen Ängste durch Unterwerfung und Gefügigkeit den Partner in eine derartige Rolle, die dieser eigentlich gar nicht so gern haben wollte, hineingespielt hatte. Auf Grund ihrer feindlichen Einstellung zu den eigenen triebhaften Elementarkräften und zur Stärke ihrer Affekte benutzte sie, wie das so häufig geschieht, ihren männlichen Partner als eine unterdrückende und verdrängende Instanz.

»Mein Mann liebt es nicht, wenn ich selbständig etwas unternehme«, oder so ähnlich hören sich dann die Aussagen dieser Frauen an, wobei der Mann meist gar nicht weiß, daß er das nicht liebt, was seine Frau so krampfhaft vermeidet. Es ist also keineswegs sinnvoll, daß sich die Schlange gegen den Partner wendet, sondern die Patientin selbst muß ihre Ängste überwinden, um sich mit diesen in ihrer Tiefe sitzenden affektiven Kräften auseinanderzusetzen. Diese äußerten sich bisher nur in ihrer neurotischen Symptomatik. Eine solche Auseinandersetzung aber ist schmerzhaft und verletzend, wie jeder weiß, der einmal dem Sturm eigener Affekte ausgesetzt war, ohne die Möglichkeit zu besitzen, sie an einem bösen Feind abreagieren zu können. Jeder muß vielmehr erkennen, daß es sich um seinen eigenen Kampf handelt, den er in sich selbst ausfechten muß.

Das »Wie« dieser Auseinandersetzung entwirft nun der weitere Traum. Der Mythos vom Kampf des Menschen mit dem Schlangenungeheuer ist wohl so alt wie die Geschichte der Menschheit selbst. In unendlich vielen Mythen und Märchen, insbesondere aber in den okzidentalen, ist das gefährliche Schlange-Drachen-Untier eine dämonische Gefahr, die von dem Heros überwunden und besiegt werden muß. In dieser Art ist in unserem Kulturkreis die wohl bekannteste Mythe der Kampf des Heraklesmit der vielköpfigen Schlange, der Hydra. Südlich von Mykene hatte Herakles die Wasserschlange von

Lerna, die Schwester des Zerberus, die mit jenem die Unterwelt hütete, zu bekämpfen. Die vielköpfige Schlange war im Sumpf angewachsen, und ihr Atem war giftig und konnte ganze Herden, ja das Land vernichten. Herakles überwand sie mit Hilfe seines jungen Neffen Iolas. Das Gift der Hydra, das unheimliche Kräfte besaß, half ihm dann, seine Widersacher zu besiegen. Für Herakles ist die Bezwingung der Schlange nur eine seiner Taten, die alle die Überwindung der Urfeindin, der Muttergöttin, die ihn nicht freigeben will, bedeuten.

So steht die Schlange hier, wie auch sicher im Unbewußten unserer Patientin, als ein größeres Symbol, das sich nicht nur auf einen einzelnen Affekt reduzieren läßt. Es steht eher für die Totalität des kollektiven Unbewußten und seiner Energie, die aus der Triebwelt kommt und die dementsprechend dem Bereich des Mutterarchetypus zuzuordnen ist. Mutterüberwindung und Muttertötung ist die Antwort des westlichen Heros auf die festhaltende und umklammernde Macht der äußeren und inneren Natur gewesen und ist es in der abendländischen Kultur bis heute noch. Das bedeutet aber gleichzeitig die Abspaltung, Isolierung oder Verdrängung dieser lebendigen, wirksamen Kraft, die sich früher oder später rächt. Herakles findet seinen Tod im Nessushemd, einer negativen Muttergottheit, Ödipus verstrickt sich in den Inzest mit der persönlichen Mutter nach Überwindung der Sphinx, und wir heutigen Menschen leiden nicht nur unter zunehmenden Neurosen und einer zunehmenden Isolierung in unserer Welt, sondern auch an der Zerstörung der uns umgebenden Natur. Vielleicht mag es den einen oder anderen nachdenklich stimmen, wenn die Psychoanalyse mit ihrer heute so weltweiten Verbreitung die psychischen Entwicklungs- und Reifungsvorgänge des Menschen aus der Verarbeitung eines einzigen mythologischen Grundmusters, des Ödipuskomplexes, zu erklären versucht. Ödipus ist ein Heros, der weitgehend unbewußt bleibt und an der Mutter scheitert; durch Inzest und Muttertötung lädt er ewigen Fluch auf sich.

Anders erscheint der Typus des orientalischen Helden in seiner Auseinandersetzung mit der Allmutter. Als ein Beispiel sei hier die Geschichte des Blindlings Andhaka erzählt, der eine ähnliche Funktion einnimmt wie der Schlangendämon oder die Sphinx in den vorher erwähnten Mythen.

Andhaka ist ein Widergott oder Dämon, eine Verkörperung blinder, unbändiger Lebenskraft im Widerspiel zu den Göttern, die mehr Klugheit und Helle als dumpfe Stärke besitzen. Er war schwarz wie Augenschminke und hatte durch glühende Askese Unsterblichkeit erlangt. Er belauschte einmal die große Göttin im Liebesspiel mit Schiwa und wollte sie rauben. Ein Kampf zwischen Gott und Dämon hebt an, aber Schiwa kann mit seiner Zauberwaffe, dem »Pfeil des Herrn der Tiere«, den Gegner nur verwunden, nicht bezwingen. Jeder Blutstropfen aus Andhakas Wunden verwandelt sich alsbald in einen weiteren Blindling, sie umwimmeln Schiwa zu Hunderten und Tausenden, und wie er sie mit seinen Pfeilen trifft, entstehen aus ihrem Blute hydragleich immer neue Scharen, die sich auf ihn werfen.

Da bringt der Gott in seiner Not Mütter in Scharen hervor, daß sie das Blut des Blindlings auftrinken. Diese furchtbaren Mütter, Kräfte aller Götter und nach ihnen benannt, stürzen sich auf das Blut und trinken es aus; aber der Lebenssaft, den sie schlürfen, macht sie fruchtbar, und neue Blindlinge quellen aus ihnen hervor, die Schiwa aufs neue bedrängen. Da wendet sich Schiwa flehend zu Vischnu, dem Erhalter; der bringt die »Dürre Revatî« hervor – sie trinkt das Blut aller Blindlinge in einem Augenblick auf; je mehr sie aber davon trinkt, desto dürrer wird sie. Sie ist der Tod der sengenden Dürre, aus der kein Leben keimt. So kamen alle Blindlinge bis auf den einen ersten, der gegen den Tod gefeit war, um. Schiwa nahm ihn auf seinen Dreispieß; er bat um Gnade, da nahm ihn der Gott in seine wilden Geisterscharen auf.

Das Heer der Mütter aber schrie in ungestillter Blutgier, sie wollten alle Welten samt Göttern und Dämonen verschlingen; umsonst rief Schiwa: »Euer Amt ist es, alle Wesen zu beschirmen. Steht ab von eurem grausigen Beginnen!« Sie achteten seiner nicht. Schiwa mußte abermals seine Zuflucht zum Erhalter Vischnu nehmen, um den Kräften der Vernichtung, die er selbst entfesselt hatte, zu begegnen. Vischnus fürchterliche Erscheinung »halb Mann – halb Löwe«, mit den Pranken im Leib des erschlagenen Feindes wühlend, konnte ihrem Schrecken durch heilsames Grauen begegnen. Aus seiner Zunge brachte er die »Herrin der Rede« hervor, aus dem eigenen Herzen die »Mâyâ«, seine eigene welterhaltende Schakti, und aus seinem Geschlecht die »vom Blumenkranz der Werdensformen Bekränzte«, aus seinen Knochen aber Kâlî, die Dunkle, die allesverschlingende Zeit, die knochenbekränzte Herrin der Schädelstätte. Es heißt von ihr: Sie war es, die das Blut der Blindlinge auftrank und auf Erden die »Dürre Revatî« genannt wird. Diese Göttinnen stürzten sich auf die rasenden Mütter, die Schiwa entsprungen waren, und zwangen sie, hilfeflehend bei Vischnu Schutz zu suchen. Vischnu wies sie an: »Wie Menschen und Tiere lange hegen, was sie gebaren, sollt ihr die Welten hüten, die Frommen beschützen und ihre Wünsche erfüllen.« – So werden die Grauenhaften versöhnt und legen ihre blindrasende Wildheit ab; der Vorgang des Mythos setzt ihren urtümlichen Schrecken in Beziehung zum bändigenden Gott-Erhalter; sie treten in den Kreis der segnenden Gottheiten, die durch den Kult den frommen Menschen nahbar sind. Eine Versöhnung wie im griechischen Mythos die Verwandlung der bluttheischenden Erdmütter, der Erinnyen, in die »freundlich gesinnten« Eumeniden.

Hier wird also das mütterliche Prinzip versöhnt und eingegliedert in den Kreis der heiligen Mächte, ohne etwas von seiner Größe und Furchtbarkeit zu verlieren.

Etwas Ähnliches wie in dieser orientalischen Mythe scheint

auf dem Weg zu liegen, den das Unbewußte der vorher erwähnten Patienten im Traum einschlägt. Zwar erfolgt zunächst ein angstvolles Weglaufen auf den Biß des Tieres hin, indem sie zur Kinderärztin läuft und bei ihr Trost, Bestätigung und Heilung sucht. Diese aber, die erfahrene, reifere und geschultere Frau, weist sie ab, und nun geht dem Traum-Ich etwas von dem wahren Charakter der Schlange auf. In Verbindung mit einem ähnlichen Traum hat Jung einmal darauf hingewiesen, daß die Vorstellung der Verwandlung und Erneuerung durch die Schlange ein wohlbelegter Archetyp ist, dessen bedeutendste Ausgestaltung als Methode der Persönlichkeitserneuerung sich in dem indischen Kundalini-Yoga findet. Zum Zustandekommen dieser Wandlung muß sich der Mensch aber den oft schmerzhafttierischen Impulsen des Unbewußten aussetzen, das heißt, man muß sich von den Tieren beißen lassen, ohne sich zu identifizieren oder davonzulaufen. Der eingeleitete Prozeß der Selbstbeobachtung muß in allen seinen Umfeldern erlebt und dem Verständnis des Bewußtseins bestmöglich angegliedert und integriert werden. So muß auch unsere Patientin lernen, den Schmerz zu ertragen und die Schlange nicht mehr als feindselig-destruktives Wesen zu erleben, sondern als eine eigene Kraft und Möglichkeit in ihr selbst, die heilend und hilfreich sein kann.

So endet unser kleines Drama in einer Wandlung der Einstellung des Traum-Ich und der Aufforderung des Unbewußten an dieses, sich zur Suche nach dem vorher so gefürchteten Naturwesen aufzumachen, um von da aus die Heilung zu beziehen.

Wenn man eine dramatische Einteilung der Träume durchführt, so sollte diese folgende vier Punkte umfassen:

1. Die Angabe von Ort, Zeit und Personen des Traumes. Am Anfang eines Traumes wird meist der Ort angegeben, wo dieser stattfindet. In unserem Beispiel ist es ein Bereich der Natur im Gegensatz zu den Träumen, die etwa in einem Haus oder

Zimmer, also in einem Bereich der menschlichen Zivilisation, spielen. Die Beachtung des Ortes, innerhalb dessen sich ein Traum abspielt, kann so schon einen gewissen Hinweis auf das zur Darstellung gelangende Problem geben. Auch die Zeit ist wichtig: ob es sich um einen Rückgriff auf die Vergangenheit, einen Entwurf in die Zukunft oder, wie in unserem Traum, ein gegenwärtiges aktuelles Geschehen handelt. Meist werden auch am Anfang des Traumes die wesentlichen Figuren bzw. Personen angegeben. In unserem Fall sind es das Traum-Ich und sein Partner, was darauf hinweist, daß der Traum ein heterosexuelles Beziehungsproblem behandelt, das einerseits zwischen der Patientin und ihrem realen Partner draußen bestehen kann, andererseits zwischen dem Ich und dem Animus, das heißt den eigenen inneren, als aktiv-männlich erlebten psychischen Anteilen, die hier die eigene Innenwelt als ängstlicher Diktator beherrschen. Hinzu tritt dann die Schlange und später die Kinderärztin, deren Bedeutungen wir vorher erwähnt haben.

2. Die Exposition des Traumes stellt dann, wie auch im Drama, das eigentliche Traumproblem heraus: Es wird das Thema aufgeworfen, das vom Unbewußten gestaltet und dem Bewußtsein in der Symbolsprache verständlich gemacht werden soll. Diese Exposition bildet die Grundlage des Traumes und entspricht einem Grundmotiv, das im Weiteren ausgeführt und variiert wird. In unserem Traum entspricht die Exposition dem Spaziergang der Träumerin mit ihrem Partner im Walde bis zur Begegnung mit der Schlange und der Flucht des Partners, nach welcher die Träumerin dem Tier allein gegenübersteht.

3. Die Peripetie (der Umschwung), die nun folgt, steigert das Geschehen des Traumes zu einem dramatischen Höhepunkt und leitet eine Wandlung ein, die allerdings nicht immer, wie in unserem Traum, zu einem positiven Abschluß führt, sondern auch in einer Katastrophe enden kann. Diese Peripetie

würde in dem vorher erwähnten Traum die Auseinandersetzung mit der Schlange und das Gespräch zwischen Kinderärztin und Patientin umfassen.

4. Schließlich folgt dann noch die Lysis (die Lösung). Sie ist der sinnvolle Abschluß des Traumes, der in der Regel einen kompensatorischen oder prospektiven Hinweis enthält und das Problem zu einem vorläufigen Abschluß führt. In unserem Beispiel besteht dieser prospektive Hinweis in dem Entschluß des Traum-Ich, die Suche nach der Schlange aufzunehmen, vor ihr nicht mehr zu flüchten, sondern im Gegenteil ihre Hilfe in Anspruch zu nehmen. Dabei ist im Traum vorausgenommen auch eine Wandlung der Bewußtseinseinstellung zu bestimmten Inhalten des Unbewußten.

Nach diesem Schema sind in groben Zügen alle Träume aufgebaut. Manche Analytiker meinen, daß Träume, die keine Lösung aufweisen – wobei man allerdings über den vollständigen Traum verfügen muß und es sich nicht um bruchstückhafte Erinnerungen handeln darf –, eine schlechte prognostische Bedeutung haben und auf eine unheilvolle Entwicklung im Leben des Träumers schließen lassen. Meines Erachtens sind solche unheilvollen Entwicklungen aber eher aus der Symbolik und der Einstellung bzw. der Handhabung oder Rolle, die das Traum-Ich den unbewußten Inhalten gegenüber einnimmt, zu erkennen als aus dem Fehlen einer Lösung, zumal es in der Praxis immer sehr problematisch bleibt, wieweit der Träumer sich des vollständigen Traumes erinnert oder eben doch Teile vergessen oder verdrängt hat.

Es verbleibt uns bei der Drameneinteilung des Traumes die Erörterung eines weiteren Problems. Wie bereits anfänglich gesagt wurde, gehören Träume, die wie das hier angeführte Beispiel schon auf den ersten Blick einen deutlichen Sinnzusammenhang aufweisen, keineswegs zur Regel. Wir treffen im Gegenteil sehr häufig auf Träume, die in Absätzen stattfinden.

Es wird ein Stück Handlung geträumt, dann erfolgt ein Abbruch ohne einen Übergang, und der Traum geht sprunghaft in eine andere Szene über. Auch bei dem Auftreten solcher Träume, die natürlich auf den ersten Blick wesentlich weniger Zusammenhang zeigen als das vorangegangene Beispiel, empfiehlt es sich, zunächst den Traum als ein Ganzes zu verstehen und den in ihm enthaltenen roten Faden des Dramas zu suchen. Das Gleiche gilt, wenn man sich mehrerer Träume aus einer Nacht erinnert. In der Regel behandeln diese immer ein ganz bestimmtes Grundsatzproblem. Wenn es gelingt, die einzelnen Stücke zwischen den Traumteilen oder den verschiedenen Träumen einer Nacht sinngemäß zusammenzufassen und aus ihnen ein Drama zu bilden, so stellt sich meist heraus, daß sie wie eine Art Episodenfilm das gleiche Problem in Variationen behandeln und eventuell dieses sinngemäß gleichartige Geschehen einmal auf der persönlichen und einmal auf einer mehr kollektiv-archetypischen Ebene abhandeln.

Ich möchte für dieses Kreisen in Variationen um das gleiche Motiv zum Abschluß noch ein Beispiel folgen lassen. Es handelt sich um einen etwa dreißigjährigen, stark muttergebundenen Patienten, der folgende drei Träume in der Nacht nach der Geburt seiner Tochter hatte: 1. »Ich liege im Bett und wollte zu meiner Frau langen und ihr einen Kuß geben. Da war es meine Mutter. Ich war ihr sehr böse, daß sie sich untergeschoben hatte.« 2. »Der Krieg war ausgebrochen. Ich war in einer Garnison französischer Soldaten, die sich freuten und Alkohol tranken. Ich tätschelte einem Jungen aus unserer Klasse die Wange. Mit einem anderen kletterte ich in einen Keller runter. Da kam ein waagerechter langer Gang. Inzwischen war eine Atomexplosion. Am Ende des Ganges ist eine Klappe, durch die wir in ein Zimmer kommen. Ein Hund versucht uns wegzubeißen. Da liegt eine ältere Frau im Bett, der wir Tribut zollen müssen, indem wir zu ihr kommen.« 3. »Vater ist gestorben, und es tat mir furchtbar leid. Ich war ganz untröstlich.«

Die drei Träume zeigen zusammen die klassische Situation der Mutterbindung, die den Inzest mit der Mutterfigur und die Tötung des Vaters beinhalten. Charakteristisch und wichtig ist die Situation, in der sie geträumt werden. Der Patient ist gerade selbst Vater geworden und muß auf Grund dieser Situation ein weiteres Stück Verselbständigung durchführen und Verantwortung übernehmen. Man kann natürlich diese Träume als einen reinen Wunsch verstehen, unter der neuen Belastungssituation zurück zur Mutter zu gehen und wieder selber Kind zu sein. Faßt man aber dieses Zurückgehen in die alte Kindheitssituation unter positiven Aspekten auf, daß er in seine kindliche Mutterbindung zurückgehen muß, um im Unbewußten Inhalte zu mobilisieren, die es ihm ermöglichen, sich gerade aus dieser Bindung zu lösen, so erhält der Traum einen anderen Sinnzusammenhang. Im ersten Traum entdeckt der Patient gewissermaßen seine auf die Ehefrau übertragene Mutterabhängigkeit, und ihm wird bewußt, wie sehr er die Mutterfigur auf seine Ehefrau projiziert und sich ihr gegenüber selber als ein Kind verhält. Das Neue in dem Traum ist nun, daß er dagegen protestieren kann und es nicht mehr dulden will, daß ihm durch seine eigene kindliche Abhängigkeit anstatt der Ehefrau die Mutter untergeschoben wird. So ist dieser erste Traum also eine Variation des Themas der Lösung von der Mutter auf der persönlichen Ebene.

Im zweiten Traum tauchen nun archetypische Motive auf. Die alte, offenbar sehr machtvolle Frau, die von dem Hund bewacht wird und nur nach Überwindung eines langen Ganges zu erreichen ist, entspricht im mythologischen Bereich einer Muttergottheit der Unterwelt wie etwa der griechischen Todesgöttin Persephone im Hades. Die Auseinandersetzung mit dieser überpersönlichen Mutter endet nun in einer inzestuösen Unterwerfungsszene, so daß man bei diesem Patienten davon sprechen kann, daß er dieses Problem noch nicht gelöst hat. Ähnlich wie in Traum 1, wo dem Patienten die innere Trennung von Ehefrau und Mutter noch nicht vollständig gelingt, sondern ihm eine Verwechslung geschieht, ist er in Traum 2 der großen Mutter noch als hilfloser Sklave ausgeliefert und besitzt nicht die Fähigkeit, ihr als Mann gegenüberzutreten.

Traum 3 behandelt dann den mit heftigen Gefühlen begleiteten Tod des Vaters. Sieht man diesen Tod nicht nur unter dem Aspekt eines aggressiven Wunsches, dann kann dahinter auch die Voraussetzung stehen, daß der Sohn nun selbst Vater werden muß. »Der König ist tot, es lebe der König!« So hieß es früher, und der Sohn konnte erst den Thron besteigen und selber der verantwortliche Herrscher werden, wenn der Vater starb und damit seinen Platz frei machte. Der symbolische Tod des Vaters stellt damit die Voraussetzung dar, daß der Patient endlich aus der Kindesrolle herausgehen kann, um ein erwachsener und selbständiger Mann zu werden. Unter diesem Aspekt enthält der dritte Traum gewissermaßen einen Lösungsentwurf für das Problem, das in Traum 1 und 2 noch nicht gelöst werden kann. Man könnte es auch eine Lösungsvoraussetzung nennen. Das Hängenbleiben in der Sohnesfigur ist ja dafür verantwortlich, daß die Frau zu einer Mutter unseres Patienten wird und er der unterirdischen großen Mutter seinen inzestuösen Tribut zollen muß, das heißt ihr seine Potenz opfert. Erst die Übernahme des Vater-Seins kann ihm eine andere Haltung geben, in der er fähig ist, der Macht und der Verführung der großen Mutter gegenüberzutreten, wobei es sicher nicht ohne Bedeutung ist, daß diese Träume gerade auf die Geburt einer Tochter hin erfolgen. So behandeln also alle drei Träume eigentlich das gleiche Problem, wobei Traum 1 und 2 die Variation auf persönlicher und archetypischer Ebene enthalten, während der Traum 3 einem Lösungsentwurf entsprechen könnte.

Der Lösungsentwurf dieses letzten Traumes kann dann eine Voraussetzung zu einer weiteren Stufe werden, in der das Männliche nicht mehr passiv gezwungen einen Unterwerfungsinzest begehen muß, sondern sich mit der großen Mutter aktiv verbinden kann wie in der folgenden Erzählung: Als Cäsar mit seinen Legionen am Rubikon stand und die Entscheidung zu fällen hatte, gegen das Verbot des Senats nach Rom zu marschieren und die Herrschaft zu übernehmen, hatte er einen derartigen aktiven Inzesttraum, in dem er mit seiner Mutter schlief. Am nächsten Morgen ließ er sein Heer über den Fluß setzen und nahm sich die »Mutter Rom«. Cäsar war ein Machtmensch und verwendete diese Kräfte nach außen. Psychologisch gesehen hat dagegen der symbolische Inzest mit der Mutter wie in einem derartigen Traum auch den Sinn, das Ich und das Bewußtsein mit dem Unbewußten zu vereinigen und sich damit dessen Potenzen und Möglichkeiten zu erschließen.

Soweit war allerdings mein Patient zu diesem Zeitpunkt noch nicht.

Wie sich aus diesen Beispielen ersehen läßt, kann uns die Betrachtung von Träumen als eines inneren Dramas bereits ein recht gutes Stück in ihrem Verständnis weiterführen. Je sorgfältiger man die Einzelheiten einer solchen dramatischen Traumerzählung betrachtet und meditiert, je mehr man dadurch auf die einzelnen Feinheiten und auch auf die Gefühlstönungen und Gestimmtheiten aufmerksam wird, desto mehr erschließt sich auch bereits allein durch diesen Prozeß ein Stück vom Sinn des Traumgeschehens. Man wird dabei auch auf Ähnlichkeiten aufmerksam, die solch ein Traum mit anderen Geschichten oder Erlebnissen hat, was wieder einen Teil zum Verständnis beisteuert. Aus der Kenntnis der Patienten und dem Ablauf ihrer analytischen Behandlung, von denen die hier erwähnten Beispiele stammen, sind natürlich in dem vorher Erwähnten doch gewisse analytische Deutungen oder Deutungsansätze mit eingeflossen. Aber selbst wenn man diese ausläßt und auf sie vollständig verzichtet, wird ein Traum durch eine solche dramatische Auffassung und Betrachtung plastischer, lebendiger und kann auch als sinnvoller erlebt werden.

DIE KOMPEN-SATORISCHE FUNKTION DER TRÄUME

Das menschliche Unbewußte hat gegenüber dem Bewußtsein eine kompensatorische Funktion. Das Wort compenso kommt aus dem Lateinischen und bedeutet »Zusammenwägen, etwas gegen etwas anderes abwägen, dagegenhalten, etwas durch etwas anderes aufwiegen, wiedergutmachen und ersetzen«. Aus diesen Wortbedeutungen wird der Prozeß deutlich, der mit dem bei uns ja sehr bekannten Wort Kompensation gemeint ist und unter dem wir im allgemeinen den Ausgleich eines mehr oder weniger entgleisten Zustandes verstehen. Es ist wichtig, diesen Begriff in seinem lebendigen Funktionieren zu verstehen, nämlich daß durch dieses kompensatorische Element etwas anderes aufgewogen, ausgeglichen, verglichen beziehungsweise dagegengehalten oder auch ersetzt wird. Durch den Traum werden so dem Bewußtsein diejenigen Seiten oder Anteile nahegebracht, die wir nicht richtig oder nicht vollständig erleben. Dadurch kann die bewußte Einstellung durch den Traum zu einer besseren Beurteilung einer Situation kommen, genauso wie zu einem vollständigeren Erleben. Dieses kompensatorische Element wird um so deutlicher und um so dringlicher, je weiter sich die augenblickliche Bewußtseinslage von jenen unbewußt herrschenden Gegenkräften entfernt. Je einseitiger und eingeengter wir etwas erleben, je mehr sich dieses Erleben von dem Optimum unserer seelischen Lebensmöglichkeiten entfernt, desto deutlicher und intensiver treten lebhafte Träume auf, die eben die fehlenden oder kontrastierenden Inhalte enthalten. Es verläuft hier ein Prozeß, den man als eine psychologische Selbststeuerung des Organismus bezeichnen könnte und der ähnlich ist, wie wir es auch im körperlichen Bereich kennen. Auch unser Körper versucht durch kompensatorische Vorgänge zum Beispiel Infektionen, Verletzungen oder eine unnatürliche Lebensweise auszugleichen und das biologische Gleichgewicht wiederherzustellen. Genau in derselben Form reagiert auch die menschliche Seele. Sie bedient sich der Träume, um durch Heranführen von unter Umständen sehr intensiven, mit starken Gefühlen und Affekten aufgeladenen Träumen ein möglichst optimales seelisches Gleichgewicht wiederherzustellen. In diesem unbewußten Material der Träume finden sich dann alle die Gefühle, Gedanken, Ideen und Empfindungen, die wegen ihrer schwachen Betonung unbewußt geblieben sind, aber doch so viel Energie besitzen, sich im Schlafzustand bemerkbar machen zu können. In dem Verhältnis zwischen Bewußtsein und Unbewußtem besteht also ein fein abgewogenes Beziehungssystem. Wo auf der einen Seite ein Zuwenig auftritt, da entsteht auf der anderen sofort als Ausgleich ein Zuviel und umgekehrt. Natürlich sind diese Prozesse in den Trauminhalten nicht immer ohne weiteres auf den ersten Blick erkennbar, sondern um die kompensatorischen Faktoren deutlich werden zu lassen, bedarf es immer einer Analyse des Trauminhaltes, die eng verknüpft sein muß mit der Lebensgeschichte des betreffenden Menschen und der augenblicklichen seelischen Situation, in der er sich befindet. Dieses kompensatorische Element wird zu einem ernstzunehmenden Faktor gerade dann, wenn eine stärkere seelische Dekompensation vorliegt. Es muß mitbestimmend ins Bewußtsein aufgenommen werden, um die Dekompensation beziehungsweise die Entgleisung wieder auszugleichen. Auf der anderen Seite ist es selbstverständlich nicht sinnvoll, den kompensatorischen Inhalt, der vom Unbewußten angeboten wird, einfach an die Stelle des Bewußtseins zu setzen. Durch eine solche Manipulation entstünde lediglich eine Umkehrung der Verhältnisse, und der vorher im Bewußtsein liegende Inhalt würde jetzt ins Unbewußte abgedrängt. Sinn und Ziel der Kompensation kann ja nur darin bestehen, einen Ausgleich der Gegensätze zu suchen und eine Integrierung des unbewußten Inhaltes in das Bewußtsein in einer Form durchzuführen, die vom Bewußtsein auch angenommen werden kann.

Ein Traumbeispiel soll auf diesen kompensatorischen Faktor hin untersucht werden, um zu verdeutlichen, was damit gemeint ist. Ein neununddreißigjähriger Patient träumte gegen Ende seiner Behandlungszeit: »Ich befinde mich in einem Haus, dessen Fußböden aus poliertem Holz bestehen. Es kann auch geöltes Holz sein. Die Zimmer sind ziemlich klein. Das Haus hat nur ein Geschoß. Es scheint ein Holzhaus zu sein. Die Fußböden sind an manchen Stellen außergewöhnlich schmutzig. Ich habe noch nie so schmutzige Fußböden gesehen. Das Holz ist dunkel vor Schmutz. Mich wundert es, daß die Zimmer so klein sind. Man sagt mir, daß Hitlers Geburtszimmer noch kleiner gewesen ist.«

Dieser Patient war ein außerordentlich phantasievoller Mensch, der von den unendlich vielen Möglichkeiten, die das Leben ihm bot, stark fasziniert war und sehr große Schwierigkeiten hatte, sich in bestimmten Situationen für eine Möglichkeit zu entscheiden, sich auf sie festzulegen und dafür auf anderes zu verzichten. Es kam hinzu, daß er als einziges Kind relativ alter Eltern recht verwöhnt worden war, so daß auch von daher eine Schwierigkeit bestand, sich mit Verzichten überhaupt abzufinden. Direkt vor diesem Traum hatte er sich nach langem Hin und Her verlobt. Er war bislang nie in der Lage gewesen, eine feste Bindung zu einem Mädchen einzugehen, da er immer in der Vorstellung lebte, es könnte noch eine bessere kommen, die er dann versäumen würde und für die er dann nicht mehr frei wäre. So waren seiner Verlobung auch eine ganze Reihe von Frauenbekanntschaften vorausgegangen, die er immer wieder aufgegeben beziehungsweise aufgelöst hatte um einer nächstbesseren willen, die ihm mehr zu versprechen schien.

Jetzt fing er allmählich an, zu begreifen, daß er auf diese Weise nie zu einer Dauerbeziehung kommen würde, und da er auf der anderen Seite auch gern eine Familie gründen wollte, hatte er endlich beschlossen, sich zu verloben. Als er nach der vollzogenen Verlobung mit diesem Traum in die nächste Behandlungsstunde kam, hatte er allerdings schon wieder innerlich beschlossen, eine Beziehung zu einer anderen Frau aufzunehmen, die er bei einer Geselligkeit kennengelernt hatte und bei der er vermutete, daß sie vielleicht doch noch etwas besser sei als seine Verlobte. Er hatte das sogar mit seiner Verlobten besprochen und ihr gesagt, es wäre doch günstiger, wenn er sich diese Frau ansehen würde, um dann festzustellen, daß sie auch nicht besser wäre als sie. Seine Verlobte war darüber natürlich nicht sehr erbaut und reagierte ganz natürlicherweise mit Verunsicherung und Eifersucht. Untergründig war der Patient jetzt erheblich beängstigt, die Beziehung zu seiner Verlobten könnte wieder in die Brüche gehen, wie es ihm schon früher des öfteren passiert war, und er stünde dann wieder allein da. Trotzdem konnte er die andere verlockende Möglichkeit nicht so recht aufgeben.

Es ist deutlich, daß in dieser Situation der Traum vom kleinen engen Haus kompensatorisch auf die Notwendigkeit von Begrenzungen hinweist, die dem Patienten allerdings noch sehr unangenehm, ärmlich und schmutzig vorkommen. Die geölten Fußböden dieses Hauses erinnern ihn an die erste Hinterhauswohnung, in der er mit seinen Eltern kurz nach dem Kriege wohnte und in der es im Gegensatz zu einer späteren großen Wohnung sehr warm und gemütlich war. Zu Wärme und Gemütlichkeit gehört auch immer etwas Schmutz, denn ein Raum, der so steril sauber ist wie ein Operationssaal, kann bekanntlich keine Geborgenheit geben. Da gerade dieses Element dem Patienten von der bewußten Einstellung her (er war ein übertrieben ordentlicher Mensch) fehlte, ist der im Traum auftauchende Schmutz natürlich entsprechend dick aufgetragen.

Problematisch erscheint zunächst der im Traum auftauchende Hinweis auf den Diktator Hitler, der noch dazu fast etwas vorbildhaften Charakter hat. Hitler ist natürlich eine sehr negative Figur auch für diesen Patienten, noch negativer und unangenehmer als der Schmutz, der sich in diesem Haus befindet. Auf der anderen Seite war es ein wesentliches Problem dieses Patienten, daß er nicht in der Lage war, sich zu entscheiden und ja auch in der jetzigen Situation schon wieder dazu neigte, mit Hilfe der neuen Bekanntschaft aus der Entscheidung für seine Verlobte fortzulaufen. Es wäre für ihn also notwendig, ein gewisses diktatorisches Element in sich selbst zu akzeptieren beziehungsweise sich diesem zu unterwerfen, das von ihm Opfer und Verzichte forderte. Ich habe vorhin bereits darauf hingewiesen, daß, je weiter das Bewußtsein sich vom Optimum der Lebensmöglichkeiten entfernt, um so krasser und auch verzerrter die kompensatorischen Elemente im Unbewußten auftreten. Aus dieser Situation heraus ist hier die höchst negative Figur dieses Diktators zu verstehen. Die Fähigkeit, sich für etwas zu entscheiden – die eigene Männlichkeit, die mit dieser Fähigkeit verbunden ist –, befindet sich infolge seiner verwöhnten bewußten Kinderhaltung noch so unentwickelt und verzerrt im Unbewußten, daß sie nur in dieser negativen Form auftreten kann. Genauso erlebt er ja auch die Beschränkungen dieses Hauses noch nicht als wohnlich und gemütlich, sondern dieser Hintergrund klingt erst in der Erinnerung an die geölten Fußböden leise an. Dieser Traum macht so auch sehr deutlich, daß das kompensatorische Element des Unbewußten nicht einfach die Bewußtseinssituation ersetzen kann. Würde er das tun, dann würde aus dem verwöhnten Jungen ein sehr destruktiver Diktator werden, der seinerseits wieder in einer außerordentlichen Einengung lebt. So kann die Kompensation der Bewußtseinshaltung des Patienten, die von diesem Traum ausgeht, nur darin bestehen, daß ein gewisser Anteil der im Traum symbolisierten Vorstellungen, Ideen und Haltungen in ihrem Sinngehalt verstanden und der bewußten Situation zugefügt wird.

Der Patient, der den Sinn dieses Traumes begriff, handelte auch entsprechend und verzichtete darauf, die neue Bekanntschaft zu intensivieren. Er widmete sich statt dessen in vermehrtem Maße der Beziehung zu seiner Verlobten. Der nachfolgende Traum bestätigte ihn dann auch darin insofern, als er in diesem eine Prüfung bestand und außerdem in der Lage war, bei einem Handwerker durchzusetzen, daß er eine Arbeit so ausführte, wie sie in Auftrag gegeben war. Das war auch ein neues Element bei diesem Patienten, und man sieht, wie sich hier aus dem Diktator allmählich ein Stück bestimmender Männlichkeit entwickeln kann.

Es gibt in der modernen Physik einen Begriff, der einen ähnlichen Bereich erfaßt wie der Begriff der kompensatorischen Funktion innerhalb des psychischen Geschehens. Ich meine den der Komplementarität, mit deren Hilfe physikalische Phänomene verständlich gemacht werden. Das Atommodell zum Beispiel ist als Forschungsobjekt so unanschaulich, daß es nur durch verschiedene anschauliche Bilder interpretiert werden kann, die einander widersprechen. Das bekannteste Beispiel hierfür ist die Eigenschaft des Lichtes, bei der bestimmte Phänomene nur zu verstehen sind, wenn man von der theoretischen Voraussetzung ausgeht, daß das Licht aus Wellen besteht. Andere Erscheinungen des Lichtes sind dagegen nur zu verstehen, wenn man annimmt, daß das Licht eben nicht aus Wellen, sondern aus Korpuskeln besteht. Das Gleiche trifft auch für das Atommodell zu. So kann man zum Beispiel das Bohrsche Atommodell als ein Planetensystem im Kleinen beschreiben: In der Mitte ein Atomkern und außen Elektronen, die diesen Kern umkreisen. Für andere Experimente aber mag es zweckmäßig sein, sich vorzustellen, daß der Atomkern von einem System stehender Wellen umgeben ist, wobei die Frequenz der Wellen maßgebend ist für die vom Atom ausgesandte Strahlung. Schließlich kann man das Atom auch noch als einen Gegenstand der Chemie ansehen. Man kann seine Reaktionswärme beim Zusammenschluß mit anderen Atomen berechnen, aber dann nicht gleichzeitig etwas über die Bewegung der Elektronen aussagen. Diese verschiedenen Bilder widersprechen einander, und man bezeichnet sie daher als komplementär zueinander. Dieser Komplementaritätsbegriff erfaßt also auch einen Verständnisvorgang von bestimmten Naturerscheinungen und sagt, daß diese nicht allein durch eine Theorie oder ein anschauliches Bild erfaßt werden können, sondern durch eines oder mehrere weitere komplettiert, das heißt vervollständigt werden müssen.

Diese Vervollständigung beziehungsweise die Hinzufügung eines anderen Standpunktes erfolgt auch innerhalb des psychischen Geschehens, wenn man dem bewußten Erleben die unbewußten Erlebnisvollzüge hinzufügt, wie es der Traum ja tut. Im Grunde genommen läßt sich die Freudsche Wunscherfüllungstheorie des Traumes unter diesem Begriff der Komplementarität erfassen. Es geht hierbei nämlich lediglich darum, dem Bewußtsein etwas hinzuzufügen, nämlich die von ihm verdrängten infantilen Wunschvorstellungen, indem man diese innerhalb der Analyse und mit Hilfe der Träume bewußt macht. Demgegenüber ist der Begriff der kompensatorischen Funktion, der später von Jung eingeführt wurde, der umfassendere und der weitere. Hierbei handelt es sich nämlich nicht mehr lediglich um eine Hinzufügung, sondern durch Gegeneinanderhaltung und Vergleichung verschiedener Daten und Standpunkte, die durch das Zusammenspiel von Bewußtsein und Unbewußtem entstehen, kommt es – teils bewußt, teils auch unbewußt – zu einem Ausgleich oder einer Berichtigung. Das bedeutet also, daß die Träume eine wichtige Funktion erfüllen insofern, als sie nicht nur bisher unbekannte Informationen liefern, sondern auch gleichzeitig für die Erhaltung oder Wiederherstellung des seelischen Gleichgewichtes sorgen.

Gerade diese Konzeption der kompensatorischen Funktion der Träume ist in den letzten Jahren durch die experimentellen Untersuchungen in den Schlaflaboratorien bestätigt worden. Unter Zugrundelegung der bereits erwähnten REM-Methode wurden Versuchspersonen am Träumen gehindert, indem sie jedesmal sofort beim Auftreten von Augenbewegungen geweckt wurden. Hierbei zeigten sich zwei wesentliche Ergebnisse: In den Nächten nach dem Traumentzug, das heißt in den ersten Nächten, in denen nicht mehr beim Auftreten von REM geweckt wurde, stiegen die Traumphasen von vorher 19 Prozent auf 28 Prozent. Im Wachzustand zeigten sich bei den Versuchspersonen, die einem Traumentzug ausgesetzt waren, psychische Störungen wie Angst, Reizbarkeit und Konzentrationsschwäche, die wieder verschwanden, sobald die Betreffenden erneut träumen durften.

Es geht also bei einem Traumentzug trotz ausreichender Schlafdauer das psychische Gleichgewicht verloren, und es treten Störungen auf, die ziemlich heftige Grade annehmen können, wenn man experimentell die kompensatorische Funktion der Traumtätigkeit ausschaltet beziehungsweise einschränkt.

Es erheben sich nun zwei Fragen, auf die wir im folgenden noch eingehen wollen: 1. Schützt der bewußte Umgang mit den Träumen den Menschen vor einem Verlust des seelischen Gleichgewichts, das heißt vor seelischen Erkrankungen, und 2. hat diese kompensatorische Funktion die gleiche Wirkung, wenn der ganze Vorgang unbewußt verläuft, das heißt, wenn die Träume nicht erinnert werden und sich das Bewußtsein nicht mit den Trauminhalten beschäftigt?

Gehen wir zunächst auf die erste Frage ein. Sie läßt sich nicht einfach mit ja oder nein beantworten. Das seelische Gleichgewicht beziehungsweise die seelische Gesundheit eines Menschen ist so differenziert und von einer so großen Anzahl von Faktoren abhängig, daß es sich nicht durch eine derart einfache Methode: »Wenn ich mich mit meinen Träumen beschäftige, bleibe ich gesund« aufrechterhalten ließe. Es kann im Gegenteil auch so sein, daß eine übermäßige Beschäftigung mit den Träumen zu seelischen Störungen und Erkrankungen führen kann, gerade eben deswegen, weil dann der anderen Seite, dem Unbewußten, zuviel Einfluß eingeräumt wird und der bewußte Standpunkt zu geringgeachtet und vernachlässigt wird. Wie überall geht es hier um das gesunde und richtige Maßhalten, wobei jede exzessive Betonung der einen oder der anderen Seite nicht zu einer Kompensation, sondern zu einer Dekompensation beziehungsweise Entgleisung führt. Andere Faktoren kommen hinzu. Träume sind kein Medikament, das dafür gedacht ist, Krankheiten zu heilen, sondern das Träumen ist eine natürliche seelische Funktion. Man könnte es im körperlichen Bereich, allerdings nur sehr bedingt, bestenfalls mit der Antikörperbildung im Blut vergleichen, durch die der Körper versucht, schädigende Einflüsse von Bakterien und Viren abzuwehren. Tritt aber ein massiver Infekt ein, oder trifft die Infektion auf einen geschwächten körperlichen Zustand, dann reicht dieses System nicht mehr aus, und es setzt trotzdem eine Erkrankung ein. Genauso ist es auch im seelischen Bereich. Ist einmal eine seelische Erkrankung aufgetreten oder bestehen psychische oder psychosomatische Symptome, dann hilft es in der Regel auch nichts mehr, wenn sich der Betreffende mit seinen Träumen beschäftigt, sondern eine psychotherapeutische Behandlung wird notwendig, die ja nicht nur allein darin besteht, Träume bewußt zu machen und deren Inhalte zu verstehen, sondern noch eine Vielzahl von anderen Maßnahmen und Faktoren einschließt. Auf der anderen Seite ist es sicher so, daß beim durchschnittlich gesunden Menschen die Beschäftigung mit der eigenen Traumwelt eine gewisse Krankheitsprophylaxe vor seelischen Störungen und Entgleisungen bieten kann. Träume ergänzen oder verändern innere Erlebnisweisen, sie können uns nachdenklich machen über unser Verhalten und unsere Handlungen und damit diese verändern beziehungsweise modifizieren und können dadurch dem vorbeugen, daß wir uns in der Innen- oder in der Außenwelt in Sackgassen verrennen, die in übermäßige Belastungen und damit zu seelischen Erkrankungen führen.

Damit beantwortet sich zum Teil auch bereits die zweite Frage, ob die Träume auch kompensatorisch wirken, selbst wenn wir ihre Inhalte bewußt nicht verstehen oder sie nicht vollständig erinnern. Die kompensatorische Funktion wird auch dann wirksam, wenn es dem Bewußtsein nicht gelingt, die angebotenen Inhalte zu verstehen und sie rational zu erfassen oder sie in eine dem heutigen Ich-Bewußtsein verständliche Sprache zu übersetzen. Wie sich aus den vorher geschilderten Versuchsexperimenten im Schlaflaboratorium ergibt, ist die Reaktion des

Unbewußten eine Naturerscheinung, die ausdrücklich nach den Bedürfnissen des psychischen Gleichgewichtes reguliert wird und sich nicht nach irgendwelchen kollektiv existierenden Wertvorstellungen richtet. So kann eben auch ein unverstandener Traum kompensatorisch wirken, da das Bewußtsein auch oft gar nicht in der Lage ist, sogar lebenswichtige, von ihm selbst geschaffene Situationen in ihrem ganzen Umfang zu verstehen oder zu erkennen. Hierdurch wird auf jeden Fall eine Reaktion des Unbewußten herausgefordert, die aber dann nicht in rationaler Form erfolgt, sondern in Form von mehrdeutigen und mehrschichtigen, oft archaischen Symbolerlebnissen, die durch eine gewisse, oft sehr intensive Gefühls- und Affektbesetzung auf das Bewußtsein einwirken. Intuitiv hat der Mensch das schon immer gewußt, wenn er zum Beispiel der Auffassung ist, daß man eine wichtige Entscheidung nicht sofort fällen, sondern erst noch einmal »überschlafen« sollte.

Auf der anderen Seite ist es oft unerläßlich, sich auch Gedanken darüber zu machen, was das Unbewußte dem Bewußtsein mitzuteilen sich bemüht. Schon die alten Alchimisten kannten den Satz: »Was die Natur unvollendet läßt, wird von der Kunst vollendet«, und menschliches Bemühen, menschliche Anstrengung und Überlegung lassen sich nicht erübrigen oder vermeiden. Wir sind leider nicht in der Lage, in das instinktive und unbewußte Eingebettetsein des Tieres in die Natur zurückzukehren, und können nicht einfach auf unser Bewußtsein verzichten. Es kommt hinzu, daß die Entwicklung des Bewußtseins ja auch den größten Stolz der Menschheit darstellt und das Bewußtsein mit Recht zu einem Instrument geworden ist, dessen sinnvolle Verwendung den Menschen erst zum Menschen macht und auch segensreiche Wirkungen entfalten kann.

Ich hatte bereits darauf hingewiesen, daß das kompensatorische Element in den Träumen um so deutlicher, drastischer und eindringlicher wird, je stärker sich das Bewußtsein aus dem Bereich eines sinnvollen psychischen Gleichgewichts entfernt.

Diese Tatsache ist schon immer von der Menschheit beobachtet worden, und ein sehr beeindruckendes und klassisches Beispiel hierfür ist der Traum des Nebukadnezar, der in der Bibel im Buch Daniel beschrieben worden ist.

Als der König Nebukadnezar auf der Höhe seiner Macht stand und bei ihm erste Anzeichen eines Größenwahns auftraten, hatte er folgenden Traum: »Siehe, es stand ein Baum mitten im Lande, der war sehr hoch. Und er wurde groß und mächtig, und seine Höhe reichte bis an den Himmel und breitete sich aus bis ans Ende der ganzen Erde. Seine Äste waren schön und trugen viele Früchte, davon alles zu essen hatte: alle Tiere auf dem Felde fanden Schatten unter ihm, und die Vögel unter dem Himmel saßen auf seinen Ästen, und alles Fleisch nährte sich von ihm. Und ich sah ein Gesicht auf meinem Bett, und siehe, ein heiliger Wächter fuhr vom Himmel herab; der rief überlaut und sprach also: Hauet den Baum um, und behauet ihm die Äste, und streift ihm das Laub ab, und zerstreut seine Früchte, daß die Tiere, so unter ihm liegen, weglaufen, und die Vögel von seinen Zweigen fliehen, doch laßt den Stock mit seinen Wurzeln in der Erde bleiben: er aber soll in eisernen und ehernen Ketten auf dem Felde im Grase liegen und naß werden und soll sich weiden mit den Tieren von den Kräutern der Erde. Und das menschliche Herz soll von ihm genommen und ein viehisches Herz ihm gegeben werden, bis daß sieben Zeiten über ihm um sind« (Daniel 4, 7b - 13).

Im zweiten Teil dieses Traumes, besonders am Schluß, wird sehr deutlich, daß mit diesem Baum eigentlich der Mensch gemeint ist, denn »das menschliche Herz soll ihm genommen« werden, und also der Träumer, der König Nebukadnezar selbst. Von Daniel wird dann dieser Traum dementsprechend gedeutet, und sein Sinn ist ganz unmißverständlich eine Kompensation des »in den Himmel wachsenden« Cäsarenwahnsinns, der den Berichten zufolge ja dann auch später in eine echte Geistesstörung beim König Nebukadnezar übergegangen ist.

Wir sehen in diesem Traum sehr deutlich das fein abgewogene Beziehungssystem zwischen Bewußtsein und Traum. Nicht alle Träume zeigen natürlich so deutlich den kompensatorischen Charakter. Das liegt aber sicher mehr an unserer eigenen Unkenntnis vom Wesen und den Bedürfnissen der menschlichen Seele als am Traum selbst. Grundsätzlich ist dieses Prinzip in jedem Traum enthalten und existiert im Sinne einer symmetrischen Formel, da das Bewußtsein seinerseits kompensatorisch auf das Unbewußte einwirkt und das Unbewußte wiederum kompensatorisch auf das Bewußtsein antwortet. Die zwei Welten, die Traumwelt der Nacht und die bewußte Erlebniswelt des Tages, existieren somit nicht unabhängig voneinander und laufen nicht einfach nebeneinander her, sondern stehen über die kompensatorische Funktion in einem wohlabgewogenen Beziehungsverhältnis zueinander.

DIE PROSPEKTIVE UND DIE REDUKTIVE FUNKTION

Wir wollen uns zunächst mit der prospektiven Funktion beschäftigen. Das Wort prospektiv stammt wieder aus dem Lateinischen und hat die Bedeutung: vorwärts, in die Ferne sehen, in der Ferne vor sich sehen, nach etwas in der Ferne sich umsehen oder auf etwas Fernes, Zukünftiges seine Blicke richten. Es soll also hiermit eine Funktion der Träume bezeichnet werden, die auf etwas Zukünftiges hin ausgerichtet ist, die Lösungsentwürfe oder Richtungsvorschläge für Entwicklungsvollzüge in Symbolen anbietet und die nicht nach dem Woher fragt, sondern nach dem Wohin. Auch diese Funktion basiert auf der Erfahrung, daß es sowohl in der menschlichen Psyche als auch im organischen Bereich Selbststeuerung und Selbstheilungstendenzen gibt. Wenn in der Psyche oder im Organismus Schädigungen eintreten oder Störungen vorhanden sind, so werden in der Regel spontane Automatismen ausgelöst, die einer Wiederherstellung und einer Gesundung dienen. Es laufen aber nicht nur solche Vorgänge zur Wiederherstellung oder Gesundung im Organismus ab, sondern sowohl im somatischen als auch im psychischen Bereich ist eine Kraft wirksam, die final orientiert auf Entwicklung, Entfaltung und Reifung drängt. In der Psychologie spricht man hier von dem Prinzip der Individuation, worunter eine jedem Menschen mitgegebene Entfaltungsmöglichkeit verstanden wird, die in der Ausformung des Individuums zu seiner seelischen Ganzheit gipfelt. Unter dieser seelischen Ganzheit ist eine sich gegenseitig ergänzende, auf dem Zusammenspiel der verschiedenen Seiten, besonders auch der bewußten und der unbewußten Anteile beruhende Eigenheit zu verstehen, die mehr ist als die Summe ihrer Teile. Sie stellt die dem jeweiligen Individuum bestmögliche und umfassendste Entfaltung und Einordnung seiner psychischen Eigenschaften dar.

Dieses prospektiv-finale Element der Traumwelt hat den Menschen schon immer intuitiv fasziniert als eine Möglichkeit für tastende Lösungsentwürfe bestimmter Probleme, welche in symbolischer Form aus dem Unbewußten aufsteigen. In dem

Kapitel über Kreativität und Traum haben wir bereits eine Reihe von derartigen Beispielen besprochen, unter denen der Traum des Kékulé, der zur Entdeckung der ringförmigen Benzolformel führte, wohl das bekannteste ist. Zwar ist nun die prospektive Funktion oft eng mit den schöpferischen menschlichen Fähigkeiten verknüpft, doch ist es auf der anderen Seite nicht angebracht, überall von Kreativität zu sprechen, wo prospektive Elemente im Traum auftreten, da diese auch in oft sehr alltäglich anmutenden Träumen vorhanden sind und gewisse Lösungsvorschläge für bestimmte Probleme oder seelische Weiterentwicklung enthalten.

Es ist am günstigsten, dies einmal an einem Beispiel zu verdeutlichen: Es handelt sich um einen Patienten im mittleren Lebensalter, der etwa zwei Jahre vor Beginn seiner Therapie akut an krampfartigen Herzschmerzen, verbunden mit hochgradigen Angstanfällen erkrankte. Der Patient stammte aus einem sozial sehr einfachen Milieu; sein Vater war früh gestorben, und er selbst war daher genötigt, sehr früh in den Arbeitsprozeß zu gehen und für seinen eigenen Lebensunterhalt zu sorgen, obwohl er gern noch weiter die Schule besucht und gelernt hätte. Nach einigen anderen Versuchen in den Wirren der Nachkriegszeit kam er schließlich bei einer größeren Firma unter, wo er sich im Laufe der Jahre mit einem enormen Maß an Fleiß und Energie zum Abteilungsleiter hinaufarbeitete. Als seine Herzanfälle begannen, war er im Grunde genommen ein wohlsituierter Mann, dem nichts fehlte. Er hatte eine gut bezahlte, leitende Position innerhalb seiner Firma. Nach seinen Angaben war er glücklich verheiratet, hatte Kinder und ein eigenes Haus, und es war ihm völlig unerfindlich, daß in seinem Leben außer eben diesen Herzanfällen irgend etwas nicht stimmen könnte. Seine Situation in der Firma zeigte aber eine Auffälligkeit, von der der Patient allerdings behauptete, daß sie für ihn kein Problem darstelle. Er war jetzt nämlich an der Grenze seiner Aufstiegsmöglichkeiten angelangt und erlebte, wie jüngere Leute, die er zum Teil selbst ausgebildet hatte, auf

Grund ihrer besseren Schulbildung in höhere Positionen aufrückten, als er selbst sie hatte, und gerade zu Beginn seiner Herzanfälle war einer dieser jüngeren Leute im Begriff, sein direkter Vorgesetzter zu werden. Unter dem Einfluß seines Ehrgeizes und einer, man möchte sagen, verbissen sich selbst anerzogenen Rationalität, mit der er versuchte, sich von seiner Gefühlswelt unabhängig zu machen, hatte er im Grunde genommen nichts weiter gekannt als seine Firma, seine Arbeit und seine Aufstiegsmöglichkeiten, wobei ein anderer Anteil seiner Persönlichkeit hungrig, kindlich und unentwickelt blieb. Der Hintergrund dieser verfahrenen Situation war ein Mutterkomplex mit einer extrem starken Bindung an die eigene, sehr gefühlsarme Mutter, die von ihrem Sohn eine derartige Lebensführung erwartete und sie von früher Zeit an ihn herangetragen hatte. Für alle anderen Interessen des heranwachsenden Jungen hatte sie wenig Verständnis und tendierte auch dazu, diese zu sabotieren. Dadurch, daß er eine ähnliche Einstellung auch bei seiner Frau voraussetzte und in sie projizierte, hatte auch diese keine Möglichkeit, ihrerseits ausgleichend zu wirken, und auch die Ehe ermangelte aller Lebendigkeit, in der noch andere Dinge eine Rolle gespielt hätten als nur die Leistung und die Firma. Nach einer längeren analytischen Behandlung hatte dieser Patient eine Reihe von Schatzsucher-Träumen, in denen er sich regelmäßig in ein unbekanntes, schwieriges Gebiet begab, um dort nach einem wertvollen Gegenstand zu suchen. Am Ende dieser Serie trat nun folgender Traum auf:

»Ich war mit mehreren Personen unterwegs. Dort war ein großes Gewässer, das sehr versumpft war. Wir gingen immer weiter durch das Wasser mit Gummistiefeln. Zum Teil konnte man schon schwimmen. Jemand sagte, es müsse doch etwas Besonderes darin sein, und ich meinte, dann müsse man ja mit den Füßen daran stoßen. In der Mitte fanden wir dann ein Klavier, und ich sagte: Nun haben wir den Schatz gefunden. Beim Hochziehen wurde vom Wasser der ganze Schlamm abgewaschen, und das Klavier war völlig erhalten, wie neu.«

Im Anschluß an diesen Traum fiel dem Patienten ein, daß er früher einmal ein heimliches Interesse an Musik gehabt und daß er sich sogar einmal durchgerungen hatte, die Mutter zu bitten, ob er nicht Klavierstunden nehmen könnte. Unter Hinweis darauf, daß hierfür kein Geld vorhanden sei und daß es sich außerdem um eine sehr brotlose Kunst handele, war ihm das damals abgeschlagen worden, und der Patient hatte auch diesen ganzen Interessenbereich beiseite gelegt und nie wieder aufgegriffen. Der Sumpf kann in diesem Traum auch als ein Muttersymbol angesehen werden, allerdings als das Symbol einer Mutter, die der konkreten Mutter mit ihrem bürgerlichen, auf Repräsentation bedachten Lebensstil diametral entgegengesetzt ist. Der Dreck und die Schmutzigkeit des Sumpfes sind der Gegensatz seiner auf Sauberkeit und Ordnung bedachten Mutter. Diese Schlampigkeit und Schmuddeligkeit ist nun ein Wesensmerkmal der Naturweiber, wie wir sie beispielsweise bei den Hexen mit ihrer verkrusteten und verschmierten Haut und den niemals gekämmten, verwilderten und verfilzten Haaren finden. Hier steht im Hintergrund des Symbols die Sumpf-Mutter, die eine Ur-Natur darstellt, die vor aller Kultur und allem Geordnetsein vorhanden war. In diesem Bereich lauert zwar die Gefahr des Verschlungen-Werdens und des Versinkens, etwa im Sinne einer Verwahrlosung; aber gleichzeitig enthält dieser Sumpf auch Wärme und Fruchtbarkeit. Die Mobilisierung dieser anderen Seite des Mutterarchetyps, die er von seiner eigenen Mutter nie erfahren hatte, innerhalb der analytischen Behandlung gab nun dem Patienten endlich die Möglichkeit, den musischen Bereich in sich fruchtbar zu mobilisieren beziehungsweise überhaupt erst einmal aufzufinden, und der Bann der verbietenden, einengenden und in Ordnung und Leistung erstarrten Mutter war damit gebrochen. Im Verlauf der nächsten Behandlungszeit gelang es dem Patienten dann auch, vieles aus diesem Bereich zu realisieren und damit die psychische Energie, die bislang in seine Symptomatik geflossen war, zu einer Umgestaltung seines Lebens zu benutzen.

Wir sehen an diesem Beispiel, wie schon in der vorangegangenen Serie der Schatzsucher-Träume das Unbewußte sich in die Richtung bewegt, nach einer Lösung für das Problem des Patienten zu suchen, nämlich nach einem anderen Wert, der in der Lage ist, seine einseitige bewußte Einstellung zu kompensieren und sein Leben zu bereichern. Natürlich ist das dann endlich gefundene Klavier nicht unbedingt so zu verstehen, daß der Patient es sich jetzt erlauben dürfte, endlich Klavier spielen zu lernen, was er als Kind einmal gewollt hatte und für das er jetzt speziell vielleicht gar nicht mehr ein so großes Interesse hat, sondern dieses Klavier ist als ein Symbol zu verstehen. Das Symbol steht für den ganzen musischen und gefühlshaften Bereich, den er in sein Leben einbeziehen und verwirklichen sollte. In dem Heraufholen dieses Symbols aus dem Sumpf ist also der »Blick« des Traumes auf etwas Zukünftiges gerichtet, und der Traum bietet dem Patienten eine Lösungsmöglichkeit, durch die er sein seelisches Gleichgewicht wiederherstellen kann und das letztlich dann auch zu einer Befreiung von seinen Symptomen führt.

Nun ist es keineswegs so, daß diese prospektiven Elemente im Traum immer so deutlich auf der Hand liegen. Die eigentliche Wirkung der prospektiven Funktion wird oft erst dann deutlich, wenn eine zunächst unverständliche Symbolik durch entsprechende Assoziationen und Analogien in ihrem Sinn erhellt wird und man erst durch eine sorgfältige Analyse des Traumes entscheiden kann, welche Motive tatsächlich als prospektiv zu verstehen sind. Ich möchte hierzu noch ein weiteres Beispiel bringen.

Der folgende Traum stammt aus dem Beginn der Analyse eines sechsundzwanzigjährigen Patienten, der in einem sehr starren und autoritären Elternhaus aufgewachsen war und selbst unter starken zwangsneurotischen Symptomen litt. Auch seine Entwicklung war ausschließlich auf die Leistungslinie hin orientiert gewesen und unter dem Einfluß der Eltern hatte er auch ein naturwissenschaftliches Studium gewählt. Dabei war er eher ein weicher, gefühlshafter Typ, bei dem offensichtlich eine stärkere musische Komponente vorhanden war, die aber nie entwickelt und gepflegt wurde. Wie wir sehen, bestehen hier durchaus sehr deutliche Parallelen zum vorangegangenen Beispiel. Dieser Patient träumte nun am Anfang seiner Analyse: »Ich war in einem Saal und spielte vor Publikum Klavier. Unser früherer Hausdiener stand hinter mir. Es wurde immer weniger Publikum, und ich spielte immer wilder. Einen Moment war ich eine Frau. Dann waren junge Leute in einer Stube, einer war mein Bruder, eine meine Schwester. Ich wurde immer wilder und wollte eine Orgie veranstalten. Da die Schwester da war, ging es nicht. Ich trug Ursula (diese Ursula war eine frühere Freundin von ihm) ins Nebenzimmer. Sie war ganz leicht. Als ich mit ihr ins Bett wollte, war aber auch meine Frau da. Sie hatte ein Korsett an. Ich sagte: ›Ich wollte dir zeigen, was ich nett finde.‹ Daraufhin schrumpfte Ursula zusammen und war plötzlich eine Stoffpuppe, die ich in der Hand hatte. Vorher in einem anderen Zimmer machte sie ein Bächlein wie ein kleines Kind auf Seidenpapier.«

Sieht man diesen Traum unter dem Aspekt der Wunscherfüllungstheorie, so zeigt sich hier zunächst und vorwiegend ein verdrängter und tabuierter sexueller Wunsch in Richtung auf eine außereheliche Beziehung zu dieser früheren Freundin Ursula, der aber selbst in der Phantasie durch das Eingreifen der ehelichen Zensurinstanz nicht verwirklicht werden kann, sondern in etwas Lebloses verwandelt wird. Man kann in der Puppe, zu der das Mädchen zusammenschrumpft, eine Onanieproblematik vermuten, denn er hält die Puppe in der Hand, und diese könnte als ein Zeichen für den Penis angesehen werden, der mitunter ja auch durchaus als Koseform so bezeichnet wird.

Wir wollen uns hier aus Zeitgründen lediglich mit diesem letzten Endsymbol der Puppe beschäftigen und die übrigen

Aspekte des Traumes, in denen natürlich auch sehr viel interessantes Material steckt, zurückstellen. Die Einfälle des Patienten wiesen darauf hin, daß in dieser Puppe mehr steckte als nur der Ausdruck eines verdrängten sexuellen Wunsches. Sie war in diesem Fall vielmehr als die Geburt eines Symbols aus dem Unbewußten zu verstehen, das in der Lage ist, Gegensätze zu vereinigen und auch in prospektivem Sinn auf einen möglichen Lösungsweg aus dem allgemeinen Konflikt dieses Patienten hinzuweisen. Der Patient hatte als Kind eine derartige Stoffpuppe besessen, die er unwahrscheinlich geliebt hatte. Hier verbindet sich die persönliche Erinnerung mit etwas, in das er in der Kinderzeit seine ganze Gefühlswelt projizieren konnte. Die Puppe war seine über alles geliebte Gefährtin, mit der er alle seine unerfüllten Sehnsüchte und Gefühle erleben konnte und durfte. Diese gingen weit über etwas lediglich Sexuelles hinaus. Wie bei den meisten Kindern diente auch bei ihm die Puppe als die Projektionsmöglichkeit für das eigene Unbewußte. An einer Puppe kann ein Kind seine andere Seite erleben und lernen, mit ihr umzugehen. Sie enthält ein sehr wichtiges Moment, das im ersten Teil des Traumerlebnisses fehlt. Die Puppe ist nämlich dem Willen des Ich unterworfen, und während er zunächst in der rauschhaften Musik völlig fortgerissen wird und das Traumgeschehen zu einer Orgie auszuufern droht, tritt mit dem Symbol der Puppe gerade jene Kategorie des Willens und der Ich-Steuerung auf, die es dem Patienten ermöglichen würde, sich in sinnvoller und gekonnter Form mit seinen erotischen und gefühlsmäßigen Anteilen auseinanderzusetzen.

Nun liegt in der Puppe noch ein anderes Moment. Sie hat kein eigenes Bewußtsein, und ihre Verlebendigung, Grazie und Attraktivität erhält sie nur durch die Projektion in der Seele dessen, der mit der Puppe spielt. Diese Tatsache hat Kleist zu seiner kleinen und sehr tiefsinnigen Schrift »Über das Marionettentheater« angcregt. Die Puppe wird hier in eine Identität sogar mit Gott gebracht. Am Schluß dieser Schrift schreibt Kleist nämlich:

»Wir sehen, daß in dem Maße, als in der organischen Welt die Reflexion dunkler und schwächer wird, die Grazie darin immer strahlender und herrschender hervortritt. – Doch so, wie sich der Durchschnitt zweier Linien auf der einen Seite eines Punktes, nach dem Durchgang durch das Unendliche, plötzlich wieder auf der anderen Seite einfindet, oder – das Bild des Hohlspiegels –, nachdem er sich in das Unendliche entfernt hat, plötzlich wieder dicht vor uns tritt: so findet sich auch, wenn die Erkenntnis gleichsam durch ein Unendliches gegangen ist, die Grazie wieder ein; so daß sie, zu gleicher Zeit, in demjenigen menschlichen Körperbau am reinsten erscheint, der entweder gar kein oder ein unendliches Bewußtsein hat, das heißt in dem Gliedermann oder in dem Gott.

›Mithin‹, so sagte ich ein wenig zerstreut, ›müßten wir wieder von dem Baum der Erkenntnis essen, um in den Stand der Unschuld zurückzufallen?‹

›Allerdings‹ antwortete er; ›das ist das letzte Kapitel von der Geschichte der Welt‹ . . .«

Psychologisch gesehen tritt die Puppe unter diesem Aspekt als ein Symbol des Selbst auf. Das Selbst bezeichnet als ein empirischer Begriff den Gesamtumfang aller psychischen Phänomene im Menschen. Es drückt die Einheit und Ganzheit der Persönlichkeit aus. So taucht in diesem Traumbild für den Patienten ein Symbol auf, das sowohl das Formelement enthält als auch die ganze Lebendigkeit der ins Unbewußte abgedrängten Fühlfunktion. Gleichzeitig taucht darin auch neu die vorher fehlende Kategorie des Willens und damit der Steuerungsmöglichkeiten auf. So kann dieses Symbol als der Kristallisationspunkt und die erste Vorausschau einer psychischen Totalität angesehen werden, die beide Seiten und Anteile enthält. Die gefühlsmäßige Beziehung, ohne die eine derartige Erfahrung nicht möglich ist, läuft in diesem Fall über die persönliche Kindheitserinnerung, in der die Puppe dieser Gefühlswelt entsprach, die unter dem Umwelteinfluß nicht zu einer Entwicklung und Differenzierung kommen konnte. Das Unbewußte knüpft also an eine Stelle an, wo die Ganzheit des Erlebens noch erhalten war, und schafft in der Wiederbelebung dieses Symbols die Möglichkeit, diesen Bereich in die Persönlichkeit und in das Bewußtsein einzubringen.

Das eigentliche Element der prospektiven Funktion liegt also darin, daß dieses Symbol der Puppe hergestellt wird. Die Symbolik der Puppe aber weist in diesem Fall im Sinne des finalen Denkens vorwärts zu einer Lösungsmöglichkeit des grundsätzlichen Problems, vor dem dieser Träumer steht. Sie gibt in diesem Bild einen Hinweis, auf welchem Wege die Problematik gelöst werden könnte, wozu allerdings noch ein Prozeß notwendig ist, der einer langen analytischen Durcharbeitung bedarf.

In diesem Zusammenhang ist noch darauf hinzuweisen, daß die prospektive Funktion, die in den Träumen deutlich wird, nichts mit irgendwelchen übersinnlichen Dingen zu tun hat und daß sie keineswegs zu verwechseln ist mit den sogenannten telepathischen oder Wahrträumen. Das Vorkommen derartiger Träume ist ein eigener Bereich, der in das Gebiet der Parapsychologie gehört. Unter der prospektiven Funktion verstehen wir lediglich einen Entwurf der unbewußten Psyche zur Lösung einer bestimmten Lebenssituation oder einer bestimmten seelischen Problematik. Es unterliegt der sorgfältigen Abwägung des Bewußtseins, ob dieser Lösungsentwurf akzeptiert werden kann, oder ob er verworfen werden muß.

Es handelt sich lediglich um einen ernstzunehmenden Vorschlag des Unbewußten, um dessen Verständnis man sich bemühen sollte. Zeitweise ist nämlich diese in den Lösungsentwürfen enthaltene Vorauskombination des Unbewußten der bewußten Einstellung überlegen, da das Unbewußte auch über unterschwellige Wahrnehmungen und Erinnerungsspuren verfügt. Zu warnen ist aber auf der anderen Seite vor einer kritiklosen Überschätzung und Übernahme von derartigen Entwürfen oder Hinweisen, da auch das Unbewußte negative Tendenzen enthalten kann, die in eine ungute und eventuell destruktive Richtung führen können.

Was nun die reduktive Funktion anbetrifft, so stammt auch dieser Name wieder aus dem Lateinischen, und das Wort reducere heißt in der Übersetzung: zurückführen, zurückbringen und zurückziehen. Diese reduktive Funktion steht sozusagen als Gegenpol mit negativen Vorzeichen der prospektiven Funktion gegenüber. Sie wirkt negativ kompensierend, indem sie das Individuum gleichsam auf seine menschliche Nichtigkeit und seine physiologische, historische und entwicklungsmäßige Bedingtheit herabsetzt. In der Regel finden wir sie in den Träumen besonders häufig in zwei bestimmten psychischen Situationen:

Jeder Mensch hat eine psychische Fassade, die er nach außen hin trägt und die er seiner Umgebung zeigt, genauso wie wir im körperlichen Bereich uns auch nicht nackt in der Gesellschaft zeigen und von den Zahnprothesen angefangen über die ganze Kosmetik und Körperpflege hin eine ganze Serie von künstlichen Verschönerungen an unserem Körper vornehmen. Nun kann es vorkommen, was durchaus nicht so sehr selten ist, daß wir diese Fassade mit uns selbst verwechseln und daß wir meinen, eine besonders gut gelungene Rolle, die wir nach außen hin spielen, sei mit unserer Persönlichkeit identisch. Wir vermitteln damit uns selbst und unserer Umwelt ein Bild, das den eigenen inneren und wirklichen Möglichkeiten in keiner Weise entspricht oder zu der eigentlichen Persönlichkeit sogar im Widerspruch steht. Auch neigen wir dann dazu, diese Fassade in unser eigenes Privatleben hineinzutragen, etwa wie ein Richter, der auch zu Hause noch über seine Familie richtet, oder ein Polizist, der noch im Bett den Verkehr mit seiner Frau regelt. Charakteristisch hierfür sind in unserem Lande auch die vielen Amtsautoritäten, die bekanntlich besonders allergisch reagieren, wenn sie von anderen Menschen auf ihre menschlichen Schwächen und Fehler aufmerksam gemacht werden. Sie verwechseln sich dann selbst mit dem Amt und der Würde, die sie für ihre Umwelt repräsentieren. In diesem Fall dient die reduktive Funktion der Träume dazu, diesen eigenen überhöhten Standpunkt abzubauen, und diese Menschen begegnen sich dann häufig selbst in ihren Träumen in entsprechend verkleinerter und reduzierter Form, wie zum Beispiel als Verwahrloster, als Gefangener, als hilflose Person, als unreifes Kind oder Jugendlicher oder als Untergebener. Treten solche Träume auf, ist es sinnvoll, zu überprüfen, an welcher Stelle und in welchem Maße wir dazu neigen, uns zu überschätzen und uns zu überhöhen, ohne dabei die eigenen inneren wirklichen Bedürfnisse unserer Persönlichkeit zu berücksichtigen, die auf dem Altar der Anpassung und des Erfolges geopfert werden.

Ein typisches Beispiel dafür ist der Traum einer ziemlich bekannten Schlagersängerin, die träumte: »Es klingelt an meiner Wohnungstür. Als ich öffne, stehen dort zwei Männer mit einer großen Kiste, die an mich adressiert ist und die sie in mein Arbeitszimmer tragen. Als ich die Kiste öffne, sehe ich zu meinem Entsetzen, daß ich selbst als Leiche in dieser Kiste liege.«

Die Frau galt in ihrer Umgebung als besonders lebhaft, kapriziös, vital und lebendig und neigte dazu, immer dafür zu sorgen, im Mittelpunkt jeder Gesellschaft zu stehen, in der sie auftauchte. Der Traum zeigt ihr hier ziemlich drastisch und deutlich, daß hinter dieser glänzenden Fassade, die sie nach außen hin repräsentiert, eigentlich eine Tote steht, und nach diesem Traum war sie auch erstmalig in der Lage, sich mit einer eigenen inneren Leere und Abgestorbenheit zu konfrontieren, die dadurch entstanden war, daß sie meinte, immer nur für die anderen eine bestimmte Rolle spielen zu müssen.

Genau das gleiche Motiv hat auch Ingmar Bergmann in seinem Film »Wilde Erdbeeren« benutzt, wo er einen Professor schildert, der sich völlig in seine Karriere und seine Wissenschaft vergraben hat und der als ein visionäres oder Traumbild am Beginn des Filmes eine Kutsche mit einem Sarg an seinem Hause vorbeifahren sieht. Als die Kutsche um die Ecke biegt, poltert der Sarg heraus und öffnet sich, und aus ihm fällt seine eigene Leiche. Natürlich sind das besonders extreme Beispiele, und häufig ist es recht unerfreulich, wenn einem solche reduzierenden Träume vor Augen gehalten werden; aber es lohnt sich auf der anderen Seite dann meist auch wieder, sich eben gerade damit auseinanderzusetzen und sich darüber klarzuwerden, wohin man sich verrannt oder »verstiegen« hat.

Es gibt noch eine weitere Situation, in der solche reduktiven Träume auftreten. Wir alle neigen dazu, wie mit einem Projektionsapparat unsere eigenen inneren Wünsche und Bedürfnisse sowie Vorstellungen auf andere Menschen zu übertragen. Auf diese Weise tendieren wir immer wieder dazu, bestimmte Menschen oder sogar ganze Gruppen von Menschen, zum Beispiel mit bestimmten Berufen, zu hoch oder zu gering einzuschätzen, und das Unbewußte bemüht sich dann, diese Projektionen aufzulösen. Das betreffende Objekt wird dann gewissermaßen durch reduzierende Träume wieder auf seinen eigentlichen Wert zurückgebracht. Das Unbewußte korrigiert die Überschätzung und Überbewertung von anderen Menschen, genauso wie es das, wie im vorangegangenen Beispiel, mit der eigenen tut. So können in diesem Fall Träume von besonders hoch geschätzten und verehrten Persönlichkeiten auftreten, die diese in einer ausgesprochen mißlichen Lage oder in einer niedrigen Form zeigen. Charakteristisch hierfür ist der Traum eines noch sehr jugendlichen Patienten, der einen seiner Lehrer glühend verehrte und in ihm ein nicht zu überbietendes Vorbild sah. Eines Tages träumte er von diesem Mann, daß er ihm im Hafen einer großen Stadt in betrunkenem Zustand, in zerknitterter und schmutziger Kleidung begegnete, und dieser von ihm verehrte Mann erzählte ihm lallend, daß er als einfacher Matrose auf einem Öldampfer angeheuert hätte. Natürlich war dieser verehrte und von dem Patienten in den Himmel gehobene Lehrer kein Trinker und auch kein heruntergekommener und verwahrloster Vagabund, sondern die Kraßheit der Reduktion, die der Traum vornimmt, erklärt sich dadurch, daß auf der anderen Seite das Bewußtsein diesen Lehrer in eine unglaubliche Höhe hinaufidealisiert hatte, und da jede Höhe bekanntlich immer auf einer genauso großen Tiefe steht, zeigt das Unbewußte eine entsprechend krasse Schattenseite.

Aber auch das Gegenteil kommt in Träumen vor. Ich kann einen anderen Menschen für zu niedrig und für zu gering halten, und der Traum kann ihn aufwerten. Einen sehr schönen und eindrucksvollen Traum dieser Art hatte C.G. Jung von einer Patientin, die er behandelte und die er wegen ihrer allzu großen Naivität gering schätzte. Er träumte eines Tages, als die Behandlung ins Stocken geriet, daß er vor einem hohen Berg stand, und auf der Spitze dieses Berges befand sich eine Burg mit einem Turm. Oben auf dem Söller dieses Turmes stand seine Patientin, während er selbst unten am Fuß des Berges stand und sich den Hals verrenken mußte, um zu ihr hinaufzuschauen. Auch das ist ein sehr eindrucksvolles Beispiel für die Korrektur einer diesmal negativen Projektion auf einen anderen Menschen, das eigentlich kaum noch einer Deutung bedarf.

Tauchen solche reduzierenden Träume in positiver oder negativer Form von Beziehungspersonen auf, so sollten sie immer Anlaß dazu geben, die bewußte Einstellung zu dieser Person zu überprüfen. Hierbei wäre es natürlich ein großer Fehler, wie ich vorhin bereits an einer Stelle erwähnte, den Standpunkt des Unbewußten kritiklos zu übernehmen, da zum Beispiel die Abwertung eines anderen unter Umständen auch noch ganz andere Wurzeln haben kann wie etwa eigene Neid- und Geltungsprobleme. Es ist überhaupt immer zu beachten, daß jeder Traum in einen Gesamtzusammenhang der Persönlichkeit eingebettet ist und daß man ihn ohne Kenntnis dieses Zusammenhanges gar nicht beurteilen kann.

Im Grunde genommen umfaßt die reduktive Analyse innerhalb der Psychotherapie einen großen Teil der Aufdeckung jener Hintergrundsmotivationen, die sich aus infantilen Triebimpulsen zusammensetzen und die von Freud so intensiv und weitgehend erforscht worden sind, daß sie heute allgemein bekannt sind. Derartige, oft egoistische oder kindliche Trieb- und Wunschvorstellungen können wir auch immer hinter unseren besten und idealsten Vorstellungen finden, und nicht umsonst sagt ein indisches Sprichwort, daß die schönste Lotusblume ihre Wurzeln auch immer im tiefsten Schlamm haben muß. Eine ausschließliche Reduktion auf diese Hintergründe und diese Ursachen würde aber auf der anderen Seite zu einer erheblichen Verstärkung von primitiven Tendenzen führen. Reduktion ist nur insoweit sinnvoll, wie sie wieder ein gesundes Gleichgewicht innerhalb der menschlichen Psyche herstellt. Im Sinne der Lebens- und Entwicklungsprozesse ist es notwendig, diese primitiven Neigungen auch durch Anerkennung ihres symbolischen Gehaltes im Gleichgewicht zu halten. Daneben sollte aber auch eine aufbauende Wahrheit stehen, die wie in der prospektiven Funktion die Hoffnungen und die Möglichkeiten einer zukünftigen Entwicklung fördert.

OBJEKTSTUFE UND SUBJEKTSTUFE

Unter den beiden Begriffen Objektstufe und Subjektstufe verstehen wir eine unterschiedliche Art der Auffassung von Traumfiguren und Traumsymbolen, die sich häufig schon von allein anbietet, sei es im Traum selbst, sei es aus der Situation heraus, in der er geträumt wird. Am besten ist es, diese unterschiedliche Betrachtungsweise zunächst einmal an zwei Beispielen zu verdeutlichen:

Ein siebenunddreißigjähriger Patient idealisierte seinen Vater sehr stark. Für ihn war der Vater eine wahrhafte Verkörperung von allen guten, edlen, positiven und idealen Eigenschaften geblieben, nachdem er im 17. Lebensjahr des Patienten relativ früh verstorben war. Dieser Patient hatte folgenden Traum: »Ich betrete einen chinesisch-buddhistischen Tempelbezirk, der wundervoll angelegt ist mit schönen Gärten und imponierenden Gebäuden. Ganz am Ende liegt ein Pavillon, und als ich diesen betrete, sehe ich auf einmal mitten in diesem Pavillon auf einem Sessel meinen Vater sitzen, der aber eine ganz bösartige und dämonische Fratze hat und viel kleiner aussah, als er in Wirklichkeit war. (Der Vater war in der Realität ein großer und stattlicher Mann gewesen.) Ich finde diesen Anblick ganz entsetzlich, bin fast erstarrt vor Schrecken und wache mit einem Schaudergefühl auf.«

In diesem Traum erlebt der Patient erstmalig eine verdrängte und unterdrückte negative Seite des Vaters in einer allerdings übertriebenen und verzerrten Form. Erst nach diesem Traum konnte er sich daran erinnern, daß der Vater keineswegs immer so edel, positiv und gütig gewesen war, wie er ihn zunächst dargestellt und geschildert hatte. Er hatte vielmehr auch sehr negative Seiten, neigte mitunter zu heftigen Wutausbrüchen, die vom Patienten ebenfalls verdrängt waren, und konnte in bestimmten Situationen sehr streng und ungerecht werden.

In diesem Traum ist in bezug auf die Figur des Vaters zweierlei enthalten. Einmal stellt der Traum in diesem Bild eines sehr schauerlichen Dämons eine real existente Seite in der Persönlichkeit des Vaters dar, die unter den Idealisierungen, die der Patient um ihn herum aufgebaut hatte, für diesen nicht mehr erinnerlich war. Der Traum korrigiert also die bewußte Auffassung, die dieser Patient von seinem Vater hatte, und enthält ein Stück Wirklichkeit der Persönlichkeit des Vaters beziehungsweise der anderen Person, die von dem Patienten nicht gesehen wurde, in dem vorher besprochenen reduktiven und kompensatorischen Sinne. Zum zweiten ist er aber gleichzeitig durch die übertriebene Verzerrung und die ins Religiöse gehende Dämonisierung ein Abbild der kindlichen Beziehung, die dieser Patient von sich aus zu seinem Vater hatte. Das heißt, in diesem Bild drücken sich alle jene kindlichen Ängste aus, die bei dem kleinen Jungen vor dem großen und mächtigen Vater bestanden hatten. Eben gerade weil der Vater relativ früh verstorben war, hatte bei diesem Patienten keine ausreichende bewußte Auseinandersetzung mit dieser dunklen Seite des Vaters stattgefunden, die Angst vor dem Vater war im Unbewußten geblieben und war genau entsprechend der übertriebenen bewußten Idealisierung zu einer in religiöse Dimensionen gehenden Dämonisierung entartet. Jede Autoritätsfigur, der der Patient später in seinem Leben begegnete, löste im Hintergrund immer wieder diese für den Patienten gar nicht verstehbaren kindlichen Ängste aus, und er erstarrte tatsächlich im Umgang mit seinen Vorgesetzten insofern, als er Schweißausbrüche, zitternde Knie und feuchte Hände bekam, sobald er von einer Autorität angesprochen wurde. Er war auch nicht in der Lage, mit einer Autoritätsperson natürlich zu sprechen, weil ihm infolge dieser inneren Erstarrung meist die Worte fehlten. Erst als der Patient im Verlauf der weiteren Behandlung sein Vaterbild und seine Einstellung zu seinem persönlichen Vater revidierte, gelang es ihm auch, diese Ängste gegenüber Autoritätsfiguren abzubauen und allmählich zu überwinden.

In diesem Traum entspricht also die im Traum auftretende

Figur des Vaters der realen Figur des Vaters im Leben draußen, und der Traum behandelt die Beziehung des Patienten zu dieser realen Figur. Da der Traum sich hier mit dem wirklichen Objekt in der Außenwelt beschäftigt, bezeichnen wir das Verständnis einer derartigen Traumfigur als Ausdruck der Beziehung zu dem persönlichen Vater, als Objektstufe. Bei der Objektstufe entsprechen die im Traum auftretenden Figuren, oder auch Symbole wie zum Beispiel Tiere, realen Beziehungspersonen des Patienten in seiner Gegenwart oder seiner Vergangenheit. Treten diese Personen nicht in ihrer eigentlichen und wirklichen Gestalt auf, sondern als unbekannte Figuren, so liegt das nach der Freudschen Konzeption an der Traumzensur oder nach der Konzeption Jungs daran, daß diese unbekannten Figuren wie beispielsweise ein Tier in symbolischer Form das Charakteristische der Beziehung zum Objekt außen besser darstellen können. Es ist wichtig, sich bei diesem Objektstufenverständnis der Traumfiguren und Symbole klarzumachen, daß die auftretenden Figuren zunächst und in allererster Linie immer die Beziehung des bestimmten Träumers zu dieser Figur darstellen und nicht deren wirklichen Charakter, obwohl auch dies mitunter, wie im oben genannten Beispiel, mindestens teilweise der Fall sein kann. Vor einer derartigen Verwechslung sollte man sich vor allem dann hüten, wenn im Traum die Figuren von näheren Beziehungspersonen auftreten, da man ihnen sonst fälschlich Eigenschaften andichtet, die den eigenen Ängsten oder Befürchtungen oder auf der anderen Seite den eigenen Sehnsüchten und Hoffnungen, aber nicht der Realität entsprechen. Erst nach sorgfältiger Auseinandersetzung und Klärung der Beziehung zum anderen kann man dann im Einzelfall entscheiden, ob der Traum mit dem Charakterbild, das er von der anderen Person entwirft, nicht unter Umständen an der einen oder anderen Stelle recht hat und reale Eigenschaften dieser Person ins Blickfeld bringt, die man bislang übersehen hatte. Tut man das aber kritiklos von vornherein, dann tut man dem anderen unrecht und erhält ein verzerrtes und verfälschtes Bild von dessen Realität.

Kommen wir nun aber zur Auffassung der Traumfiguren und -symbole auf der Subjektstufe. Auch hierfür wieder als Beispiel zunächst ein Traum. Eine einundzwanzigjährige Patientin, die sich selbst als sehr idealistisch, gutmütig, verträumt und zurückhaltend-schüchtern erlebte, brachte folgenden Traum am Anfang ihrer Behandlung: »Ich befand mich mit einem jungen, blonden Mädchen zusammen in einem Zimmer, in dem nur ein Tisch und ein Stuhl standen. Als ich mich auf den Stuhl setzen wollte, zog mir das Mädchen hinterlistig und mit einem boshalften Grinsen auf dem Gesicht diesen Stuhl weg, so daß ich hinfiel. Ich wurde furchtbar wütend, sprang auf, ergriff den Stuhl und riß ein Bein ab, mit dem ich auf das Mädchen losging. Sie floh um den Tisch, aber ich erwischte sie doch. Ich gab ihr mit dem Stuhlbein einen furchtbaren Hieb auf den Kopf. Gerade als der Knüppel ihren Kopf traf, wachte ich plötzlich mit einem heftigen Schmerz in meinem eigenen Kopf auf.«

Dieser Traum zeigt sehr deutlich, daß die Patientin eigentlich selber dieses fremde, boshafte blonde Mädchen ist. Es verkörpert offenbar negative Eigenschaften, die sie an sich selbst noch nicht kennt, und stellt so eine dunkle, unsympathische Seite an ihr dar, die sie bisher nicht wahrnehmen konnte. Im Traum ist dieses boshafte Mädchen blond im Gegensatz zur Patientin, die schwarzhaarig war. Ganz offensichtlich liegt hier die Projektion einer Eigenschaft auf eine unbekannte Figur vor, und obwohl der Patientin zu dieser Unbekannten eine Reihe von bekannten Beziehungspersonen einfielen, erscheint es nicht angebracht, diesen Traum als die Art einer Beziehung zu einer anderen Figur draußen zu verstehen, sondern er muß vielmehr verstanden werden als die Darstellung einer Beziehung zu sich selbst beziehungsweise zu einem bestimmten Teil der eigenen Persönlichkeit. Ein derartiges Verständnis von im Traum auftretenden Figuren und Symbolen als Teile der eigenen Persönlichkeit bezeichnet man als Subjektstufe, das heißt, unter der Subjektstufe verstehen wir, daß die Traumfiguren und Symbole projizierte Darstellungen eigener seelischer Anteile sind und der Traum die Beziehung beziehungsweise Auseinandersetzung zwischen dem bewußten Ich und den Personifikationen der eigenen Innenwelt darstellt.

Diese Patientin mußte sich also dessen bewußt werden, daß sie eine solche boshafte und heimtückische Seite in sich hatte und daß sie selber »Kopfschmerzen« bekäme, wenn sie versuchte, diese Seite in sich zu erschlagen. Es mußte ihr klarwerden, daß sie keineswegs so gut war, wie sie von sich selber dachte, und daß die Boshaftigkeit, über die sie sich bei anderen Menschen beklagte, nicht bei den anderen lag, sondern in ihrer eigenen Brust.

Es ist im Zusammenhang mit der Subjektstufe wichtig, daß wir uns einige Gedanken über den Prozeß der Projektion überhaupt machen und versuchen, uns darüber klarzuwerden. Der Mensch hat die Tendenz, die Inhalte seiner unbewußten Bilderschicht in seine Umwelt zu verlegen. So wie die früheren Götter einerseits das in einer Gottheit personifizierte Erlebnis äußerer Naturgewalten waren, so waren sie andererseits auch eine in die Natur projizierte innere Affektmöglichkeit, das heißt ein Ereignis innerer Naturgewalt wie tiefe Trauer, Liebe, Zorn und Wut, die in ihrer Stärke das Ich überwältigen können. Diese innere Natur wird von daher auch als eine dämonische oder göttliche Kraft erlebt. Je niedriger die Bewußtseinsstufe eines Menschen, je geringer seine Fähigkeit zu einer nüchternen Reflexion ausgebildet ist, desto stärker pflegt jener Mechanismus der Projektion in den Vordergrund zu treten. Der wache Kulturmensch unterscheidet in der Regel scharf zwischen Subjekt und Objekt, aber auf einer niedrigeren Bewußtseinsstufe verschwinden infolge der Bildprojektion die Grenzen zwischen dem Ich und der Außenwelt. Die inneren Erlebnisse und die Abläufe eigener psychischer Prozesse werden in eine andere Person oder in die belebte oder unbelebte Natur verlegt und dann von dort aus in einer Widerspiegelung gesehen. Damit entsteht dann auch eine Umwelt, die eigentlich mehr den eigenen inneren Erlebnissen, Wünschen, Hoffnungen und Befürchtungen entspricht als der objektiven Realität und die dadurch auch zu einer Quelle von tiefen Enttäuschungen und Mißdeutungen werden kann.

Diese Projektion unbewußter Inhalte in die Umwelt hat eine recht enge Beziehung zur Erhaltung unseres Selbstwertgefühles und dient auch zum Selbstschutz. Nur wenige Menschen sind in der Lage, den Umfang ihrer eigenen Persönlichkeit zu erkennen und auch zu ertragen. Durch die Projektionen ist der Mensch in die Lage versetzt, negative, böse, dunkle und abwegige Bestrebungen in andere zu verlegen. Auf diese Weise kann er die Boshaftigkeit oder die Primitivität in seiner eigenen Brust übersehen und an einem anderen kritisieren. Das gilt nicht nur für die einfache Ebene, die hier in diesem Traum mit der eigenen Boshaftigkeit angesprochen ist, sondern es gilt ebenso auch auf der höheren Ebene geistiger Prozesse. Der minderwertige Gegensatz zur eigenen Meinung oder Position, mit dem sich der Betreffende eigentlich selbst auseinandersetzen müßte, wird lieber in einen anderen hineinprojiziert und dort in der anderen Person oder auch in einer andersdenkenden Gruppe bekämpft. So findet man in den meisten heftigen affektiven politischen Auseinandersetzungen seit Anbeginn der Zeit bis in unsere Tage eine Fülle derartiger Projektionen, indem die andere Seite immer schwarz und die eigene immer weiß gesehen wird. Schon die Bibel kennt dieses Problem, indem sie vom Splitter im Auge des anderen und vom Balken im eigenen Auge spricht, wobei man dieses Wort nach den Erkenntnissen der Tiefenpsychologie noch dahingehend erweitern kann, daß Splitter und Balken in der Regel genau aus dem gleichen Holz zu bestehen pflegen.

Auch im künstlerischen Bereich finden wir in großem Umfang solche projektiven Prozesse, die sich hier allerdings nicht so negativ auswirken wie in den politischen oder persönlichen Auseinandersetzungen, sondern sogar einen gewissen positiven Wert haben. Da sich ein Dichter mit den Figuren und Gestalten seines Werkes identifiziert und sie aus sich herausstellt, kann er sich von eigenen Triebdrohungen und Problemen befreien und sie einer Verarbeitung zuführen. Ein klassisches Beispiel hierfür stellt Goethes »Werther« dar, in dem sie Suicidprobleme des jungen Goethe verarbeitet wurden. Auch die Romanfiguren Dostojewskis zeigen deutlich derartige Züge. Hierbei ist es nicht unbedingt notwendig, daß das Bewußtsein diesen Prozeß vollständig durchschaut, da die Problemverarbeitung oft in einer tieferen Schicht unterhalb der Vernunft ablaufen kann.

Solche projektiven Prozesse zeigen sich nun auch im Traum in erheblichem Umfang. Gedanken, Vorstellungen und Handlungen, die ganz offenbar die des Träumers selbst sind, treten im Traum bei anderen Personen auf, und sogar Körperreize oder Gefühle, wie es im übrigen auch experimentell bewiesen ist, werden auf andere Figuren projiziert. So ist es sogar berechtigt, selbst in gegengeschlechtlichen Figuren derartige Projektionen zu sehen. Die im Traum auftretende Partnerin eines Mannes kann genausogut eine Personifikation einer eigenen inneren, mehr »weiblichen« Seite sein, der Anima, wie sie die Beziehung zur wirklichen, realen Partnerin draußen bedeuten kann. Das Gleiche gilt umgekehrt natürlich auch für die Frau. Unsere Kultur hat, wie jede andere uns bekannte Kultur auch , die Tendenz, den Jungen zum Mann und das Mädchen zur Frau zu erziehen. Wo auch immer wir auf der Welt menschliche Kulturen untersuchen, finden wir ein verschiedenartiges Rollenspiel der Geschlechter mit einer scharfen Gegensatzspannung. Die Inhalte der männlichen und der weiblichen Rolle variieren im größten Umfang, so daß bei der einen Kultur gerade das als typisch weiblich dargestellt wird, was wir bei der anderen als typisch männlich finden können. Konstant ist aber bei allen Kulturen, daß überhaupt ein solcher Gegensatz aufrechterhalten wird, und die Versuche unserer Kultur, diese Rollen zu relativieren, sind noch sehr im Anfang und unvollständig. Im Erziehungs- und Reifungsprozeß eines Kindes und eines Jugendlichen werden dementsprechend nicht nur von den persönlichen Eltern, sondern auch von der gesamten Kulturatmosphäre her diese sogenannten geschlechtsentsprechenden Eigenschaften, Erlebnisweisen und Verhaltensformen betont, gefördert und entwickelt, die gegengeschlechtlichen aber mindestens vernachlässigt, wenn nicht deklassifiziert und unterdrückt. So hat ein Junge nicht zu weinen und ein Mädchen nicht auf Bäume zu klettern. Ein wirklicher Bewußtwerdungsprozeß erfordert aber, daß auch die als gegengeschlechtlich geltenden Anteile im Leben bewußt werden können, und eine derartige Auseinandersetzung, Bewußtwerdung und Integration kann in erster Linie durch die eigenen Träume erfolgen.

Natürlich können nicht nur Personen oder Figuren auf der Subjektstufe verstanden werden, sondern auch alle anderen Symbole, die in einem Traum auftreten. So ist es möglich, daß wilde Tiere als Darstellung unserer eigenen Affekte und Leidenschaften dienen. Ein Patient träumte, daß er von einem wilden Nashorn verfolgt würde, das in blinder Angriffswut sein Haus vernichtete. Sein Problem war, daß er mit einer unglaublichen Sturheit bestimmte einseitige, kollektive Wertvorstellungen verfocht und unter der Bedrohung stand, so wie es bei Ionesco geschildert wird, selbst zu einem Nashorn zu werden, da er unter seinen Prinzipien alles Lebendige und Andersartige in sich selbst zerstörte. Seine Leidenschaft hatte sich hier mit seiner Neigung zu Prinzipien verbunden und drohte ihn selbst zu überwältigen, so daß das Nashorn im Traum als eine Personifikation dieser eigenen Destruktivität angesehen werden kann. Aber auch unbelebte Gegenstände können Ausdruck eigener Persönlichkeitsseiten sein, wie wir es bereits in dem früher erwähnten und ausführlicher besprochenen Traum gesehen hatten, in dem ein Patient auf der Schatzsuche in einem Sumpf ein Klavier fand, das seine eigene vernachlässigte musische Komponente symbolisierte.

Fassen wir noch einmal zusammen: Wir können den Traum und seine einzelnen Figuren und Symbole immer auf zwei Ebenen verstehen. Die eine ist die Objektstufe, und diese besagt, daß alle im Traum auftretenden Personen und Symbole auch den Figuren oder Gegenständen entsprechen, mit denen wir es in der Außenwelt real zu tun haben, und daß der Traum unsere Beziehung beziehungsweise uns unbewußt bleibende Seiten der Beziehung zu diesen widerspiegelt. Unter der Subjektstufe dagegen verstehen wir, daß alle Personen und Symbole des Traumes die projizierten Anteile eigener seelischer Persönlichkeitsmerkmale sind, gewissermaßen Teilpersönlichkeiten, die Eigenschaften darstellen, die uns unbewußt sind und die die Neigung haben, sich selbständig zu machen, indem sie fälschlich auf andere projiziert werden oder uns unbewußt geschehen, ohne daß das von unserem eigenen Willen gesteuert wird, so wie wir etwa von einem Wutanfall überfallen werden können.

Gleichzeitig müssen wir uns darüber klar sein, daß bei jedem Traum immer beide Möglichkeiten existieren: ihn auf der Objektstufe wie auch auf der Subjektstufe zu verstehen. Das bedeutet, daß zum Beispiel das vorhin erwähnte Nashorn sowohl in dem Träumer selber steckt als auch gleichzeitig seine Beziehung zu anderen Menschen draußen widerspiegeln kann. Beide Auffassungsmöglichkeiten schließen sich gegenseitig nicht aus, sondern infolge der projektiven Prozesse nach außen entsprechen sie einander häufig.

ALLTÄGLICHE TRÄUME UND GROSSE TRÄUME

In der überwiegenden Mehrzahl unserer Träume bewegen wir uns in einer Welt, die nicht extrem unterschiedlich ist zu der Welt, die wir auch aus unserem alltäglichen Leben kennen. Wir bewegen uns in der uns bekannten Natur, gehen über Straßen, fahren in Autos, halten uns in unseren Häusern oder in denen anderer Personen auf, treffen uns bekannte Menschen oder machen, wie auch sonst, die Bekanntschaft von uns bisher Unbekannten. Zwar haben wir oft neue Erlebnisse, oder die Realität des Traumes sieht etwas anders aus als die uns umgebende Realität. Die Beziehungspersonen, mit denen wir uns im Traum auseinandersetzen, verhalten sich oft unterschiedlich zu dem, was wir in unserem Wacherleben von ihnen gewöhnt sind; aber im großen und ganzen bleibt es doch eine Welt, die nicht völlig verschieden ist von der unseres Alltags. Auch die Gefühle, die im Traum auftreten, sind in ihrer Qualität und Stärke nicht so unterschiedlich gegenüber den Gefühlen, die wir auch sonst haben. Dazwischen gibt es aber immer wieder einzelne Träume, die aus diesem Rahmen herausfallen und uns in eine ganz unbekannte und phantastische Welt hineinführen, eine Welt, die wir eigentlich nur aus der surrealistischen Malerei, aus den Märchen unserer Kindheit oder aus der Mythologie kennen. Diese Welt ist bevölkert mit sonderbaren Figuren, die es in der Realität überhaupt nicht gibt. Wir treffen dort Riesen oder Zwerge, Hexen und Zauberer, Engel und Götter. Wir befinden uns in merkwürdigen, ganz unirdischen Landschaften, oder am Himmel bewegen sich Gebilde, die das, ähnlich dem orientalischen Zauberteppich, eigentlich gar nicht tun dürften. Es treten Monstren auf oder Tiere, die sprechen können, und vieles andere mehr. Meist haben diese Träume auch einen ganz besonderen emotionalen Charakter, da sie sehr starke und uns tief bewegende Gefühle enthalten, die noch lange nachwirken können. Wir behalten oft derartige Träume infolge ihres sehr hohen Gefühlswertes nicht nur für Monate, sondern für Jahre, ja häufig unser ganzes Leben lang in der Erinnerung. Sie gehören zu den großen und bedeutenden innerseelischen Erlebnissen, die wir in unserem Leben gehabt haben. Solche Gestalten,

Figuren oder Welten können auch durchaus in modernem Gewand auftreten, und der Zauberer von heute muß nicht unbedingt eine spitze hohe Mütze und ein mittelalterliches Gewand tragen, sondern kann, wie im nachfolgenden Traum, auch eher einem modernen Manager gleichen. Ein vierzigjähriger Patient, ein Kaufmann in einer leitenden Position, berichtete einen Traum, der während einer Urlaubsreise auftrat und der ihn sehr beeindruckt hatte und ihm noch Wochen später so seltsam erschien, daß er ihn mir erzählen wollte:

»Ich befinde mich in einer Art Lobby eines Hotels. Große Fenster gehen überall nach draußen, und man kann weit über die Gegend sehen, so, als ob das Hotel auf einem Hügel stehe. Es sind große, bequeme Sessel da und eine Musikbox. Dann kommen noch andere Leute. Jemand beschäftigt sich mit der Box, und ich komme mit diesem Herrn ins Gespräch. Es stellt sich heraus, daß diesem Mann das ganze Hotel und alles drum herum gehört. Er zeigt mir alles bereitwillig. Es hatte mich schon gewundert, daß er mit der Musikbox so umging, als stünde er auf der Kommandobrücke eines Schlachtschiffes, und er regelte mit den Knöpfen dieser Musikbox alles mögliche andere, bloß nicht Musik. Er führt mich nun auch an die Fenster und zeigt mir die Gegend. Es ist eine weite Buschlandschaft mit Bäumen. Am Ende des Abhanges, auf dem das Hotel steht, ist ein See zu sehen, der mit kleineren, zum Teil bewachsenen Inseln bedeckt ist. Ab und zu treten andere Leute zu dem Mann neben mir und flüstern ihm etwas zu, woraufhin er dann Kommandos erteilt oder auch nicht. Schließlich meint er dann lässig: ›Dann werden wir jetzt mal ein bißchen Krieg machen.‹ Auf seinen Befehl hin erheben sich nun die Inseln aus dem Wasser, und ich sehe jetzt, daß es große Flugkörper sind, die nur zur Tarnung ins Wasser verlegt waren. Sie starten direkt aus dem Wasser hoch. Wir steigen zusammen in ein Auto und fahren an dem See entlang. Am Ende des Sees kommen wir an den Rand eines Tales, das mich an den Grand Canyon erinnert. Dort sehen wir auch die Flugkörper wieder, und in der Tiefe des Tales marschieren Infanteriegruppen, die der Gegner sind. Mein Begleiter äußert sich sehr abfällig über den Gegner, der sehr langsam und unbeweglich ist. Wir stehen oben auf dem Berg, oberhalb des Tales als Beobachter. Es kommt zu einem Kampf, und die Flugkörper werfen Bomben. Während noch das Kampfgetümmel im Gange ist, meint mein Begleiter, wir sollten doch ruhig runtergehen und baden, und er geht in das Tal hinein, wo noch die Kampfhandlungen stattfinden, und badet in einem Teich. Es berührt ihn gar nicht, während ich das tollkühn finde. Einzelne versprengte Truppen kommen auch sehr in seine Nähe, sie werden jetzt aber so klein wie Zinnsoldaten und kümmern sich gar nicht um uns, während wir im See baden.«

In diesem Traum setzt sich der Träumer offenbar mit einem sehr großen und bedeutsamen Problem auseinander wie dem einer willkürlichen und im Grunde genommen sinnlosen Aggressivität, die spielerisch und fast aus Lust zum Bösen ausgeübt wird, mit der Manipulierbarkeit des Menschen, der praktisch zum computergesteuerten Roboter wird, sowie mit der Macht, die ein einzelner über viele ausübt. Ein derartiger Traum läßt sich eigentlich nicht im üblichen Sinne deuten und verstehen, so daß wir nach einiger Überlegung sagen könnten: Ach, das hat dieser Traum gemeint und das wollte er mir sagen; sondern über einen derartigen Traum kann man Tage, Monate oder sogar Jahre meditieren und nachdenken und wird immer wieder neue Seiten und Schattierungen an ihm finden, beziehungsweise es werden einem neue Aspekte des Geschehens aufgehen.

Schon die Naturvölker unterscheiden sogenannte große und kleine Träume, wobei auch sie unter den kleinen Träumen die alltäglichen Phantasiefragmente verstehen, die sich mehr mit der subjektiven, persönlichen Sphäre des Träumers befassen, während die großen oder bedeutsamen Träume über diese hinausreichen und oft für den ganzen Stamm von Wichtigkeit sind. Die symbolischen Gebilde, die in ihnen auftreten, enthalten allgemeine Ideen und haben, wie vorher beschrieben, meist einen mythologischen Charakter, der der kollektiven Geschichte des menschlichen Geistes entnommen ist. In besonders extremen Fällen können sie sogar einen Offenbarungscharakter haben und das ganze Leben eines Menschen verändern, wie bei dem schweizerischen heiligen Nikolaus von der Flue, der sich nach einem derartigen großen religiösen Traum für immer in die Einsamkeit zurückzog, um dessen Inhalt zu meditieren und in ein bewußtes religiöses System zu bringen.

Viele derartiger Träume sind uns auch aus der Geschichte bekannt, da sie infolge ihrer Bedeutung und ihrer Wertigkeit aufgezeichnet und aufbewahrt wurden. Ein Beispiel hierfür ist etwa der Traum, den Hannibal nach der Eroberung von Sagunt im Jahre 219 vor Christus hatte: In diesem Traum sah sich Hannibal von Jupiter in den Götterrat berufen. Bei seiner Ankunft befahl ihm Jupiter, Italien zu bekriegen, und gab ihm einen Geleitsmann aus der Versammlung mit. Von diesem geführt, trat er den Marsch mit dem Heere an. Von seinem Führer aber erhielt er die Warnung, sich nicht umzusehen. Doch zuletzt konnte er das nicht länger aushalten und blickte, von Neugier überwältigt, hinter sich. Da erblickte er ein gräßliches, ungeheures Tier, mit Schlangen umflochten, das mit jedem Tritte alle Anpflanzungen, Büsche, Häuser zerstörte. Verwundert fragte er den göttlichen Gefährten, was dieses Scheusal zu bedeuten habe? Dieser aber entgegnete: »Italiens Ruin!« und ermahnte ihn, nicht zu säumen und sich nicht um das, was hinter ihm in seinem Rücken geschehe, zu bekümmern.

Es gibt wohl kaum einen Traum oder ein Bild, das so deutlich zeigt, welchen entsetzlichen und furchtbaren Schatten ein strahlender Feldherr und ein großer Politiker in seinen Kriegen hinter sich zieht, und möglicherweise wäre kaum einer der großen Feldherrn in der Geschichte in der Lage gewesen, seine Kriege weiterzuführen, wenn er sich wirklich umgedreht und sich mit diesem Ungeheuer konfrontiert hätte. Nicht umsonst kennen die Chinesen die tiefsinnige Weisheit, daß »ein großer Mann ein Unglück für sein Volk ist«.

Es erscheint mir wesentlich, am Beispiel dieser Träume noch einmal drei verschiedene Merkmale deutlich herauszustellen, die den großen Traum kennzeichnen: 1. der sehr starke und tiefe Eindruck, den das betreffende Traumerlebnis auf den Träumer hatte und der auch dazu führte, daß Haltungen und Handlungen, die nachfolgten, von dem Erlebnis des Traumes beeinflußt wurden. Gleichzeitig mit einem solchen inneren Bild treten fast immer Veränderungen und Wandlungsvollzüge im Leben dieses Menschen auf. 2. In diesen Träumen ist fast immer mythologisches Material enthalten, wobei das gleiche mythologische Material in verschiedenen Alters- und Entwicklungsstufen und höchst verschiedenartigen Lebenssituationen vom Unbewußten benutzt werden kann, da dem Grundmuster des Mythologems in letzter Tiefe offenbar gleichartiges psychisches Geschehen zugrunde liegt. 3. Diese Träume pflegen in besonders kritischen oder lebensentscheidenden Situationen aufzutreten, die eine neue Einstellung und eine Umorientierung des Bewußtseins erfordern. Sie treten daher besonders häufig in der frühen Kindheit, in der Pupertätszeit, beim Eingehen endgültiger Bindungen wie Beruf, Heirat und so weiter, in der Lebensmitte und beim Übergang in das höhere Alter, das heißt beim Ausscheiden aus der beruflichen Situation sowie kurz vor dem Tode auf. Auch in anderen lebensentscheidenden Situationen können wir auf derartige große Träume treffen, und wie es in dem früher erwähnten Traum des Nebukadnezar geschehen ist, treten sie auch häufig bei Ausbruch schwerer seelischer oder körperlicher Erkrankungen auf.

Ein Beispiel dafür, wie ein derartiger Traum in einer besonderen Notsituation einem Menschen hilfreich sein kann, ist der Traum, den uns Marc Chagall aus einer krisenhaften Lebensphase berichtet hat. Chagall, der im jüdischen Getto von Witebsk geboren wurde, setzte es als Zwanzigjähriger gegen den Widerstand seiner Familie durch, Maler zu werden, und kam mit wenigen Rubeln in der Tasche nach Petersburg. Nun gab es damals in Rußland eine Bestimmung, daß die Juden bestimmte angewiesene Wohnbezirke hatten, die sie ohne besondere Genehmigung nicht verlassen durften. Chagall befand sich daher in Petersburg in einem dauernden Versteckspiel vor der Polizei. Außerdem gelang es ihm nicht, in eine der anerkannten Malakademien aufgenommen zu werden, und er mußte sich mit einer recht drittklassigen Malschule begnügen. In diese Zeit fällt ein für das Sicherheitsgefühl seiner Berufung sehr wichtiges Erlebnis, das aus einem derartigen großen Traum besteht: »Ich befinde mich in einem großen Zimmer, in der Ecke steht ein einzelnes Bett, und ich liege darin. Es wird düster. Plötzlich öffnet sich die Decke, und ein geflügeltes Wesen steigt mit Lärm und Getöse herab. Ein Rauschen von schleppenden Flügeln. Ich denke: ein Engel! Ich kann die Augen nicht öffnen. Es wird zu klar, zu hell. Nachdem er alles durchstöbert hat, erhebt er sich und verläßt das Zimmer durch die Ritze der Decke und nimmt alles Leuchtende, Himmlische mit sich. Es wird von neuem dunkel, und ich erwache.«

Chagall hat dieses Erlebnis 1922 denn auch in einem Bild »L' Apparition« erstmalig dargestellt, und der Engel ist danach ein häufig wiederkehrendes Motiv in seinen Gemälden geblieben. Aus der Erscheinung dieses Engels im Traum nahm Chagall damals mit Recht den Mut und die Sicherheit, auf seinem einmal eingeschlagenen Weg als Maler auch weiterzugehen, und er sah ihn als eine Bestätigung seines Unbewußten an, diesen Beruf, an dem er zu dieser Zeit natürlich stark zweifelte, weiter auszuüben und für sein Leben zu behalten.

C. G. Jung hat die großen Träume als archetypische Träume bezeichnet und unterscheidet im menschlichen Unbewußten zwei Sphären oder zwei Schichten, von denen er die eine als das persönliche Unbewußte bezeichnet, während er für die andere den Namen kollektives Unbewußtes gewählt hat, und aus diesem kollektiven Unbewußten heraus stammen derartige große beziehungsweise archetypische Träume. Ich kann hier keine ausführliche Darstellung dieser beiden sehr umfassenden Begriffe geben, sondern muß mich mit einer kurzen Definition begnügen, und der Interessierte sei auf die Schriften C. G. Jungs und seiner Schüler hingewiesen.

Unter dem persönlichen Unbewußten verstehen wir jene Schicht des Unbewußten, die alle die persönlichen Erfahrungen enthält, die während unserer Existenz im rein subjektiven Bereich von uns gemacht worden sind und die später vergessen, verdrängt oder unterdrückt wurden, sowie auch alle die unterschwelligen Wahrnehmungen, Gedanken und Gefühle persönlicher Art, die nicht vollständig ins Bewußtsein gekommen sind.

Neben diesen persönlichen Inhalten im Unbewußten gibt es nun aber andere Inhalte, die nicht aus der persönlichen Erfahrung stammen und die nicht einfach irgend etwas darstellen, das wir einmal erlebt oder gefühlt haben, sondern Inhalte, die allgemeinen Ideen entsprechen und die typische allgemein menschliche Formen des Auffassens und Erlebens sind. Diese allgemein menschlichen Formen des Auffassens und Erlebens sind die Grundformen des psychischen Funktionierens überhaupt und personifizieren sich in mythologischen Zusammenhängen, das heißt in Motiven und Bildern, die jederzeit und überall ohne historische Tradition oder Migration, das heißt Wanderung oder Überlieferung, auftreten können und von der schöpferischen Phantasie des Menschen in einer sehr großen, aber doch überschaubaren Fülle an Bildern und Gestalten jederzeit in bestimmten Situationen wiederhergestellt werden können. Derartige Inhalte werden von uns als kollektiv unbewußt aufgefaßt. So gut wie auch die anderen Inhalte des Bewußtseins und des persönlichen Unbewußten immer in einer bestimmten Bewegung und mit Dynamik aufgeladen sind, so sind es auch die Inhalte des kollektiven Unbewußten, und aus dieser Dynamik gehen eben Phantasien und Träume hervor, die das sogenannte archetypische Material enthalten.

Diese Archetypen sind die Inhalte des kollektiven Unbewußten. Sie sind Bereitschaften, das heißt überindividuelle Formen, deren Inhalt durch die kreative Phantasie oft in Zusammenhang auch mit persönlichem Erleben ausgefüllt wird. Überall da, wo es sich um gleiche und regelmäßig wiederkehrende Auffassungen von menschlichen Grundproblemen handelt, geht es um einen Archetypus, wobei das unabhängig davon ist, ob das Bewußtsein des betreffenden Menschen dessen mythologischen Charakter erkennt oder nicht. Diese archetypischen Bilder werden immer dann in den Träumen mobilisiert, wenn das bisherige persönliche Erfahrungsmaterial zur Bewältigung einer bestimmten Lebenssituation nicht mehr ausreicht. Es gibt bestimmte Schwellen- oder Krisensituationen im menschlichen Leben, wo der Mensch vor grundsätzlich neuen Gegebenheiten steht, für die es in dem persönlich erlebten Erfahrungsgut keine entsprechenden Vorbilder gibt und zu deren Bewältigung er auf die kollektiven Verhaltensmuster zurückgreifen muß. In solchen Situationen präsentiert dann das Unbewußte dem Bewußtsein Muster, die zur Bewältigung oder zum Verständnis der Situation beitragen können. Alle die vorher erwähnten Schwellensituationen, in denen wir häufig derartige Großträume finden, gehören hierzu. Sie erfordern oft eine Vielzahl von veränderten Haltungen und Orientierungen gegenüber der Umwelt und der eigenen Person, und die Tiefe und Vielschichtigkeit, die die mythologischen Bilder der Großträume enthalten, können diese Vielzahl und diese grundlegende Veränderung oft in einem großen und bedeutsamen Bild kristallisieren.

Es ist nun nicht immer so, daß derartige archetypische Träume in so reiner Form auftreten wie in den bisher erwähnten Beispielen, in denen außer dem Träumer selbst fast ausschließlich archetypische Motive oder Gestalten erscheinen. In der alltäglichen Praxis vermischen sich das persönliche und das kollektive Unbewußte sehr häufig, und die Träume, die man üblicherweise zu sehen bekommt, enthalten dadurch sowohl persönliche als auch archetypische Inhalte. Dies ist wichtig, da die kollektiven Inhalte immer in einer gewissen Beziehung zum persönlichen Erleben stehen müssen, damit tatsächlich eine gefühlsmäßige Brücke zwischen beiden geschaffen werden kann. Ein reiner archetypischer Traum erscheint häufig wie ein Fremdkörper, zu dem man eine Beziehung nur außerordentlich schwer herstellen kann. Alle kollektiven Ideen, Vorstellungen und Erlebnisformen werden immer erst dann wirksam und lebendig, wenn sie mit der persönlichen Erfahrung verbunden werden können. Ein solcher Archetyp steht niemals leer und unabhängig und abgerissen vor dem jeweiligen persönlichen Subjekt Mensch im Raum. Es ist oft so, daß sogar der Hauptteil eines Traumes durchaus aus persönlichen Inhalten besteht und lediglich ein archetypisches Motiv in ihn hineinragt wie im nachfolgenden Traum eines zweiunddreißigjährigen, sehr intellektuellen Akademikers:

»Ich bin in einem großen Landhaus mit vielen verschiedenen, mir teils bekannten, teils unbekannten Menschen. Es sind Künstler, Wissenschaftler und ebenso auch einfache Menschen sowie Frauen und Kinder. Auf einmal redet einer: ›Der Löwe ist los!‹ Alle haben Angst und suchen Verstecke. Der Löwe kommt näher. In dem Haus ist eine große Halle. Lediglich eine junge Frau und ein junger Mann bleiben unten in dieser Halle und verstecken sich nicht. Diese beiden kommen mit dem Löwen ins Gespräch, und es entsteht eine Freundschaft. Jetzt will man die anderen aus den Verstecken holen, aber die Löwen werden wütend, daß man ihnen mißtraut hat. Ich selbst bin wechselnd einmal einer dieser jungen Leute, einmal einer der Beobachter und einmal einer, der wegläuft.«

In diesem Traum ist deutlich das Motiv des sprechenden und helfenden Tieres enthalten, wie wir es aus unzähligen Märchen kennen, in denen der Heros im Gegensatz zu seinen Brüdern oder anderen Personen dem betreffenden Tier furchtlos entgegentritt beziehungsweise es gut behandelt und eine Beziehung zu ihm aufnimmt. Derartige Tiere symbolisieren oft, wie auch in diesem Traum, den seelischen Bereich des Animalischen, in dem die Leidenschaften, Triebe und Instinkte des Menschen zu Hause sind. Auch dieser Patient befand sich in einem Zwiespalt zwischen seiner kulturellen, zivilisatorischen Seite und seinen natürlichen, animalischen Bedürfnissen. Diese Zerreißung des Menschen zwischen Kultur und Zivilisation auf der einen Seite und Natur auf der anderen ist aber ein kollektives Problem, selbst wenn es subjektiv jeder einzelne auf seine Weise lösen muß. Goethe hat es im »Faust« in die unnachahmlichen Verse gefaßt:

»Zwei Seelen wohnen, ach! in meiner Brust,
die eine will sich von der andern trennen;
die eine hält in derber Liebeslust
sich an die Welt mit klammernden Organen –
die andre hebt gewaltsam sich vom Dust
zu den Gefilden hoher Ahnen.«

Genau diesen Konflikt enthält der Traum dieses Patienten, und man kann aus ihm ablesen, daß er zwar auf der einen Seite bereits in eine Beziehung zu seiner eigenen Natur kommen kann, indem er mit dem Löwen (er erlebt seine eigene innere Natur noch als reißendes, wildes Tier) in ein Gespräch kommt und eine Freundschaft zwischen beiden entsteht, auf der anderen Seite aber gehört er auch noch zu den Flüchtenden, die sich nur, um wieder mit Goethe zu sprechen, des einen Triebs bewußt werden wollen, um diesem tiefen, allgemein-menschlichen Konflikt auszuweichen, anstatt ihn auf sich zu nehmen. Dieser Konflikt findet in einem alltäglichen Haus, in einem Saal statt, wie wir ihn überall auch in der Realität finden, und unter Personen, die ihm zum großen Teil bekannt sind. Es ist eben nicht nur ein allgemein-menschliches Problem, sondern auch sein ganz persönliches, angereichert mit den Enttäuschungen und Erlebnissen seiner subjektiven Existenz.

Die unterschiedliche Durchlässigkeit der Bewußtseinsschwelle für Traumerlebnisse überhaupt gilt auch für diese großen, archetypischen Träume. Es gibt durchaus Menschen, bei denen selbst in einer längeren analytischen Behandlung gar kein oder nur sehr geringfügiges archetypisches Traummaterial auftritt. Andererseits gibt es Menschen, bei denen eine besondere Durchlässigkeit für das archetypische Material des kollektiven Unbewußten und eine besondere Offenheit des Bewußtseins für diese Inhalte besteht. Das gilt insbesondere für eine Reihe von Künstlern und schöpferisch tätigen Menschen, und man kann sagen, daß es ein gewisses Charakteristikum für den kreativen Prozeß überhaupt ist, eine Durchlässigkeit für derartige Phantasiebildungen, die oft ungewöhnliche Lösungsentwürfe anbieten, zu besitzen. Dieses Material des kollektiven Unbewußten geht dann bei Künstlern und auch bei Wissenschaftlern oft in entsprechender Verarbeitung in ihr Werk ein, wobei es infolge seiner kollektiven Gültigkeit einen größeren Kreis von Menschen ansprechen kann. Eine Reihe von derartigen Beispielen haben wir bereits in dem Abschnitt über die Kreativität im Traum besprochen, so daß wir hier nicht noch einmal näher darauf eingehen müssen. Wir können zum Abschluß die Frage aufwerfen: Was kann ein Mensch mit einem derartigen großen Traum anfangen, wenn er sich nicht gerade in einer analytischen Behandlung befindet?

Zunächst einmal ist sehr davor zu warnen, mit angelesenen Theorien an einen derartigen Traum – wie überhaupt an Träume – heranzugehen und zu versuchen, den Traum zu deuten oder zu entschlüsseln. Ein derartiger Versuch wird infolge der blinden Flecken, die das Bewußtsein für die eigene psychische Problematik hat, und infolge der eigenen Abwehrsysteme praktisch immer auf einer falschen Ebene landen, und solche von Laien durchgeführten Selbstanalysen richten oft mehr psychischen Schaden an, als daß sie Nutzen stiften. Zu den großen Träumen ist auch zu sagen, daß die in ihnen enthaltene Symbolik gar nicht einfach übersetzbar ist, weil ein wirkliches Symbol außerordentlich vielschichtig ist und sich nicht wie ein Zeichen übersetzen läßt, von dem man sagen kann: Das bedeutet dieses und jenes. Bestenfalls kann uns die Beschäftigung mit derartigen Träumen eine Ahnung dessen vermitteln, was in ihrem Sinngehalt eingeschlossen ist. Von daher ist es auch durchaus sinnvoll und kann sich auf den Lebens-, Reifungs- und Entwicklungsprozeß eines Menschen fruchtbar auswirken, wenn er sich mit diesen Träumen im Sinne eines meditativen Eingehens beschäftigt. Ein derartiger Traum kann über lange Zeit, wenn wir ihn immer wieder vor unserem inneren Auge lebendig werden lassen, immer wieder neue Facetten enthüllen, die uns etwas zu sagen haben. Auch Analogien und Parallelen aus der geistigen und kulturellen Geschichte der Menschheit, die uns zu derartigen Bildern einfallen, können zu ihrer Sinnerhellung beitragen. Es gibt auch viele Menschen, die, ohne Künstler zu sein und ohne besondere künstlerische Fähigkeiten oder Talente zu besitzen, sich im Sinne einer weiteren Gestaltung mit solchen Bildern befassen. Ich habe von vielen Menschen, die sich nicht in einer Behandlung befanden, spontan gemalte Bilder, Geschichten, Novellen, Märchen und unter anderem sogar ein Singspiel zugesandt bekommen, zu denen sie durch einen besonders eindrucksvollen Traum angeregt worden waren. Abgesehen davon, daß ihnen diese gestalterische Beschäftigung viel Spaß und Freude gemacht und sie erfüllt hatte, hat ihnen dieser Prozeß auch geholfen, einiges aus diesen Träumen zu verstehen und zu lernen, was sie dann in ihr tägliches Leben umsetzen konnten.

TRAUMSERIEN

Beobachtet man über längere Zeit seine Träume und führt über sie ein Traumtagebuch, in dem man sie notiert, womöglich auch zusätzlich mit entsprechenden Gedanken, die man über diese Träume hat, so wird man bald feststellen, daß sich überraschenderweise durch das zunächst so verwirrende und chaotisch erscheinende Material so etwas wie ein roter Faden zieht, der einen Sinnzusammenhang ergibt. Genauso wie unsere bewußten Gedankenprozesse über lange Zeit um bestimmte, für uns zentral wichtige Probleme kreisen, genauso setzen auch die Träume sich unterhalb der Bewußtseinsebene wie ein Monolog kontinuierlich fort und kreisen um ein bestimmtes Zentralproblem. Auf diese Weise kann die Beobachtung der Traumserie sozusagen einen Teil der Interpretation zum Traum liefern, der von dem Träumer selber kommt, wobei durch die Reihe der aufeinanderfolgenden Träume ein Problem von allen Seiten beleuchtet wird. Auch zeichnen sich in der Bildwelt der Träume die Linien der Entwicklungsprozesse ab, die die Psyche einschlägt. Hierbei gruppieren sich die Träume um ein Bedeutungszentrum, das das Problem gewissermaßen von allen Seiten her beleuchtet. Im Gegensatz zum Bewußtsein, dessen Denk- und Entwicklungsprozesse mehr linear-kontinuierlichen Charakter haben, kreisen Träume ähnlich dem Bild einer Spirale um ihren Bedeutungsmittelpunkt, und die chronologische Folge entspricht keineswegs immer der eigentlichen Sinnfolge. Die einzelnen Träume werfen immer wieder Schlaglichter von verschiedenen Seiten her auf das zugrundeliegende Problem, und die Lösung des Problems erfolgt mehr dadurch, daß es allmählich in allen seinen Aspekten erfaßt, als dadurch, daß es im Sinne fortschreitender Entwicklungsschritte gelöst wird. Wird dann schließlich ein solcher Bedeutungsmittelpunkt in einer analytischen Therapie richtig erschlossen und ins Bewußtsein gehoben, dann entstehen die Träume wieder aus einem neuen Mittelpunkt heraus, und dieser Prozeß setzt sich weiter so fort. Auf diese Weise verfügt man am Ende einer analytischen Behandlung über eine Reihe von Mittelpunkten, die in einer Serie zusammengestellt werden können.

Solche Bedeutungsmittelpunkte treten aber nicht nur innerhalb eines analytischen Prozesses auf, sondern wir finden sie ebenfalls in spontan aufgezeichneten Traumserien, ohne daß bei dem betreffenden Träumer eine Therapie stattfand. Auch hier amplifizieren sich die Träume gewissermaßen selber, indem sie um einen derartigen Bedeutungsmittelpunkt kreisen, bis für den betreffenden Menschen das Problem gelöst ist, das ihn dazu bewogen hat, seine Träume zu beobachten und zu notieren. Es tritt dann häufig der Fall ein, daß für eine längere Zeit nichts geträumt beziehungsweise die Träume nicht erinnert werden und sich das Interesse den eigenen Träumen erst dann wieder zuwendet, wenn ein neuer Bedeutungsmittelpunkt aktuell geworden ist. Gerade durch die Beobachtung derartiger Traumserien können sich diese Menschen dann selbst Zusammenhänge erschließen, die oft eine wertvolle Brücke für die bewußte Integration unbewußter Vorgänge darstellen. Dies ist natürlich nicht in dem Sinne gemeint, daß hier eine rationale Deutungsarbeit an den betreffenden Träumen erfolgt, sondern es handelt sich vielmehr um einen Prozeß, in dem nicht nur intellektuell, sondern gerade auch gefühlsmäßig und intuitiv Sinnzusammenhänge von dem Betreffenden begriffen werden. Natürlich gilt das Gleiche auch für den Psychoanalytiker innerhalb einer analytischen Therapie. Die Beachtung der Traumserie stellt eine erhebliche Erleichterung für die Deutungsarbeit dar. Die nachfolgenden Träume liefern oft zusätzliches Material, das in den vorangegangenen liegengeblieben oder nicht erfaßt worden ist, und haben außerdem die Tendenz, Irrtümer bei der Beurteilung vorangegangener Stücke zu korrigieren.

Sofern man die Gelegenheit hat, über sehr lange Zeitabläufe, wobei hier durchaus auch Jahrzehnte gemeint sein können, solche Traumserien bei mehreren Menschen zu beobachten, kann man in der zeitlichen Aufeinanderfolge des Erscheinens derartiger Bedeutungsmittelpunkte einen deutlichen Entwicklungs- und Reifungsprozeß erkennen. Zwar verändern sich im Verlaufe eines menschlichen Lebens nicht unbedingt die Motive der einzelnen Träume; aber in der Beobachtung von Traumserien zeigt es sich doch sehr deutlich, daß Veränderungsprozesse im Verlauf des menschlichen Lebens vorhanden sind und auch im Unbewußten beziehungsweise gerade dort die empirischen Grundlagen für das zu finden sind, was C.G. Jung den Individuationsprozeß genannt hat. Unter diesem verstehen wir den teils bewußt, teils unbewußt ablaufenden psychischen Entwicklungs- und Reifungsprozeß, der allmählich zu einer Selbstwerdung und Selbstverwirklichung des Menschen führt und der sich durch das ganze menschliche Leben hinzieht.

Es würde den uns zur Verfügung stehenden Raum und die uns zur Verfügung stehende Zeit überziehen, eine ganze Traumserie im einzelnen zu besprechen, und ich kann denjenigen, der daran interessiert ist, nur auf die Schriften C.G. Jungs und seiner Nachfolger und Schüler hinweisen. Ich möchte hier daher den Versuch machen, einzelne Gesichtspunkte herauszustellen, unter denen die Beobachtung und das Verständnis einer Traumserie möglich sind und die ich aufgrund von Beobachtung sowohl in eigenen Träumen als auch in denen meiner Patienten immer wieder gefunden habe. In diesem Zusammenhang kann ich dann nur auf einzelne Motive, Motivhäufungen oder Motivzusammenhänge beispielhaft hinweisen.

Überblickt man eine größere Anzahl von Traumserien oder beschäftigt man sich mit den Serien seiner eigenen Träume, so fällt zunächst einmal relativ leicht auf, daß sich häufig das gleiche Symbol in mehreren aufeinanderfolgenden Träumen wiederholt und oft mit penetranter Deutlichkeit in den Vordergrund rückt. Hierzu zunächst ein einfaches Beispiel aus der Analyse einer neununddreißigjährigen Patientin:

Diese Patientin hatte sich mit zwanzig Jahren gegen den Widerstand ihrer Eltern ein Auto gekauft. Für sie war damit das Auto zu einem Symbol ihrer Verselbständigung und der Ablösung vom Elternhaus geworden, und es hatte für sie die

Bedeutung des ersten selbständigen Schrittes der eigenen Initiative, den sie gegen ängstliche Einengungen und gegen die Überfürsorglichkeit ihrer Mutter durchgeführt hatte. Später war dann die ganze Anfangsphase ihrer psychotherapeutischen Behandlung dominiert von gehäuft auftretenden Autoträumen, in denen sie entweder in ihrem eigenen Wagen oder in anderen Autos verschiedener Typen und Konstruktionen fuhr. Das Motiv war so auffallend, daß sie selber anfing, sich darüber zu wundern und sich dann auch über die immer wieder auftretende Stereotypie zu ärgern. Sie kam sich in diesen Autos zunehmend wie eingeschlossen vor. Schließlich träumte sie, daß sie aus ihrem Auto ausstieg und eine Bergwiese hochkletterte. Nach der Besprechung des Traumes, in der wir beide darüber erfreut waren, daß sie endlich aus ihrer Blechkiste ausgestiegen war, begann die Patientin, diesen Traum weiter auszuphantasieren. Sie phantasierte, daß sie über die Bergwiese zu einer Bucht am Strande des Meeres ging, dort sich in den Sand in die warme Sonne legte und in dieser Situation ganz deutlich alle Gefühle und Empfindungen ihres bisher abgelehnten fast empfindungslosen Körpers verspürte, die sie mir dann auch ausführlich und detailliert schildern konnte. Von diesem Zeitpunkt an kam dann auch der eigentliche analytische Prozeß in Gang, und die ersten Wandlungsansätze traten auf. Solange sie in ihrem Auto geblieben war, hatte sie auch mir und der Analyse gegenüber eine scheinbare beziehungsweise steril-unfruchtbare Selbständigkeit und Autarkie bewahrt. Das Auto, das fünfzehn Jahre früher zunächst ein Symbol eigener Initiative und echter Verselbständigung gewesen war, wurde für sie zu einer Art Gefängnis, da sie in einer oppositionellen Haltung nicht nur gegenüber den eigenen Eltern, sondern auch gegenüber allen anderen Eltern- und Autoritätsfiguren verhaftet blieb und keine wirklichen lebendigen Beziehungen zu diesen aufnehmen konnte. Gleichzeitig war das Auto, mit dem sie sich selber so sehr stark identifiziert hatte, auch zu einem Symbol ihrer eigenen Persönlichkeit geworden und stellte eine Ersatzbeziehung zu ihrem eigenen Körper dar, den sie mehr als einen mechanisierten Autokörper erlebte denn als ein lebendiges Gebilde aus Fleisch und Blut. Die erste Traumserie innerhalb ihrer Analyse stellte ihr dieses Problem immer wieder mit penetranter Deutlichkeit dar und behandelte die verschiedenen Aspekte und Schattierungen ihres Autogefängnisses von allen denkbar möglichen Seiten.

Die wesentliche Veränderung liegt schließlich in der Haltung des Traum-Ich gegenüber dem Symbol. Die Träumerin verläßt endlich das Gefängnis ihres Autos und tritt damit gleichzeitig auch aus ihrer bisherigen Beziehungslosigkeit heraus. Deutlich begleitet war dieser Prozeß von einer merkbaren Verhaltensänderung insofern, als die bis dahin sehr abgekapselte und isolierte Patientin anfing, mehr Beziehungen aufzunehmen, Freundschaften zu schließen, und auch innerhalb der Analyse eine deutliche Verbesserung und Verlebendigung der Gefühlsatmosphäre auftrat. Diese Verhaltensänderung ist dann der äußere Ausdruck für den langwierigen und tiefen inneren Entwicklungsprozeß, der innerhalb dieser Anfangsphase der Behandlung vom Unbewußten her initiiert ablief und der sich in der Symbolik dieser Traumserie widerspiegelte. Das, was vor fünfzehn Jahren bei ihr einmal richtig, lebendig und wichtig gewesen war, war inzwischen erstarrt und gestorben, eben weil sie darin hängengeblieben war und die Weiterführung dieses Prozesses einer lebendigen Entwicklung von Selbständigkeit und Eigeninitiative versäumt hatte, indem sie sich der Illusion hingab, daß die äußere Lösung vom Elternhaus ausreichte, während sie die innere versäumte.

Eine weitere leicht zu beobachtende Besonderheit der Traumserien ist, daß das Unbewußte zwar das gleiche Symbol beibehält, aber es mit sehr unterschiedlichen Inhalten füllt und damit dem Ich die Erfahrung von verschiedenen Aspekten ein und derselben Sache vermittelt. Einen solchen Prozeß kann man zum Beispiel sehr deutlich an der verschiedenartigen Einstellung ablesen, die der Träumer innerhalb der Serie gegenüber einer bestimmten, immer wieder auftretenden Beziehungsperson einnimmt. Es ist charakteristisch, daß häufig über lange Phasen einer Traumserie eine bestimmte Konfliktperson immer wieder auftritt wie etwa Partner oder Partnerin, Vater oder Mutter, bestimmte Geschwister oder ähnliches. Beobachtet man diese Figuren in den einzelnen Träumen, so findet man, daß sie, sofern ein Entwicklungsprozeß bei dem Betreffenden stattfindet, allmählich ihren Charakter verändern und zum Teil sogar äußerst gegensätzlich wirken können.

Eine junge Patientin, die sich in einer Ablösungsphase von ihrem als sehr konflikthaft erlebten Vater befand, träumte von diesem zunächst fast ausschließlich sehr negative Bilder. Sowohl der persönliche Vater selbst als auch die Vaterfiguren, die in ihren Träumen auftraten, hatten grausame, harte und diktatorische Züge. Das wechselte dann über zu dämonischen Bildern, die mit Zauberkräften und magischen Fähigkeiten ausgerüstet waren und die Träumerin teils sadistisch-quälend, teils aber auch unterstützend manipulierten. Daneben begannen dann allmählich Vaterfiguren aufzutreten, die hilfreich, beschützend und verständnisvoll waren, aber immer noch diesen starken Überlegenheitscharakter besaßen. Endlich gelang es ihr dann, sich in Konflikten oder Krisensituationen mit diesem Vater im Traum auseinanderzusetzen und sich ihm gegenüber zu behaupten, bis schließlich der Vater im Traum immer mehr den Charakter eines älteren und erfahreneren Partners annahm. Die ganze Serie endete schließlich mit einem Traum, in dem sie mit ihrem Vater zusammen einen Ausflug in dessen Wagen machte, bei dem sie sich gut und auf gleicher Ebene mit ihm unterhielt, bis sie an einen Kreuzweg kamen, an dem ihr eigenes Auto wartete. Sie stieg nach einer freundlichen Verabschiedung in dieses um, und beide fuhren auf getrennten Wegen weiter.

Hier brachte das Unbewußte die Patientin, die bisher derartigen Problemen ausgewichen war, dazu, sich allmählich mit den verschiedenen, oft in sich differenten und widersprechenden Zügen des väterlichen Mannes und ihrer eigenen Einstellung dazu auseinanderzusetzen. Jeder einzelne Traum und jeder unterschiedliche Zug dieser Figur fügte dann wie in einem Mosaik ein Steinchen der Erfahrung nach dem anderen dem Bewußtsein zu, bis ein breiteres und umfassenderes Bild des Vaters entstand und das Bewußtsein mit diesen Erfahrungen bereichert war. In diesem Fall veränderte sich also weniger die Einstellung des Traum-Ich zu einer immer gleichbleibenden Vaterfigur, sondern es war so, daß die Vaterfigur die Veränderung aufwies, die dann auch wieder rückwirkend neue Einstellungen des Traum-Ich zu dieser Figur finden ließen.

Eine solche Inhaltsveränderung eines Symbols ist nun keineswegs nur auf Personen beschränkt, wie ich im vorgenannten Beispiel zeigte, sondern sie erstreckt sich auch auf die übrige Symbolik und vermittelt dann die Erfahrung von anderen Seiten ein und derselben Sache. So kann der eigene Kot im Traum einmal als ekelerregende Verschmutzung erlebt werden, in einem anderen als wertvolles Düngeprodukt oder als sinnvolle Aggression. Das gleiche Tier kann einmal als zerreißende Bestie, einmal als hilfreiche Personifikation eines Instinktes, als Mittel zu schnellerer Bewegung, als Träger von Lasten, als Mittel zur Bewältigung von Arbeiten und vieles andere mehr auftreten. Hierbei werden in den Träumen einerseits an der gleichen Figur oder am gleichen Symbol ehemalige, nicht verarbeitete frühkindliche Konflikte mobilisiert und durch den Mechanismus der Projektion am Traumsymbol erlebt und verarbeitet. Andererseits umkreist die kreative Phantasie dieses Symbol, um die verschiedenen ihm innewohnenden Möglichkeiten zu erfassen und zu verstehen, und stellt damit eine lebendige und dem Objekt entsprechende Beziehung her. Derartige Phantasieanteile sind dann auch nicht mehr als falsche oder pathologische Projektionen aufzufassen, sondern als eine Erschließung des objektiven Seins einer Sache und der einem Objekt innewohnenden Entwicklungsmöglichkeiten. Sie erfassen den andern, wie er real ist und was aus ihm werden könnte, unter Berücksichtigung der in ihm existenten Veranlagungen, womit nicht nur der andere draußen gemeint ist, sondern eben auch gerade die anderen Persönlichkeitsanteile, die sich neben der bewußten Persönlichkeit in unserem Unbewußten befinden und die noch entwicklungsbedürftig sind. Durch dieses Umkreisen und Erschließen einer Symbolik erhalten derartige Persönlichkeitsanteile erst die Stimulation, die ihren Reifungs- und Wachstumsvorgang ermöglicht. In diesem Prozeß wirkt das Unbewußte genauso intensiv mit wie das Bewußtsein und erschließt die verschiedenen Möglichkeiten durch das Auftreten immer neuer Variationen.

Schwieriger wird das Verständnis einer Traumserie, wenn sich der Traum für das gleiche Grundproblem jeweils andere Symbole sucht. Die Verschiedenartigkeit der Symbolik stellt dann nicht mehr nur das einfache Umkreisen oder die Suche nach den verschiedenen Einstellungsmöglichkeiten des Ich zu dem jeweils gleichen Objekt dar, sondern ist gleichzeitig der Ausdruck und Vorentwurf eines im Träumer verlaufenden Entwicklungs- und Reifungsprozesses, der unter Konstellierung eines bestimmten Grundproblems abläuft. Versteht man diese verschiedenartigen Symbole und findet man einen gemeinsamen Nenner, der in ihnen enthalten ist, so kann man feststellen, daß auch sie offenbar einem hintergründigen Deutungszentrum entstammen, das in immer wieder verschiedenartigen Bildern das gleiche Problem dem Bewußtsein nahebringen will.

Ich möchte versuchen, sehr grob vereinfacht und skizziert hierfür ein Beispiel zu bringen, ohne eine größere Anzahl von Träumen aneinanderzureihen, sondern nur, indem ich einzelne Motive aus einer Traumserie herausgreife. Der gemeinsame Nenner ist hier das Gefühl der Angst, und es handelte sich um eine Serie von Angstträumen bei einem sehr starren Patienten mit einer Zwangsneurose, die über einen längeren Zeitraum immer wieder einmal auftraten und aus denen ich hier einzelne Motive aufgreife.

Die ersten Träume, die noch in Verbindung mit ähnlichen Träumen in der Kindheit des Patienten standen, zeigten eine Angst vor einem Gespenst. Einige Zeit später traten Träume auf, in denen er von einem Zwerg oder von einem mißgestalteten Wesen verfolgt wurde. Später kamen Träume mit Angst vor Wasserfluten und Angst vor Autoverkehr oder vor Vorgesetzten, und schließlich traten beängstigende Frauengestalten auf, die einen hexenartigen Charakter hatten, aber gleichzeitig auch jung und faszinierend waren. Den Abschluß dieser Angstträume bildete eine Wasserflut, die er auf einer höhergelegenen Insel bis zur Brust im Wasser stehend überstand, und nachdem diese abgelaufen war, stellte er zu seinem Erstaunen fest, daß das überflutete Land sich verändert hatte, fruchtbarer geworden war und dort, wo vorher nur Sand und Strand gewesen war, Pflanzen zu wachsen begannen.

Im Kern lag diesen bedrohlichen Träumen eine tiefe Angst vor der Lebendigkeit des Lebens und vor einer Veränderung seiner hochgradig erstarrten Bewußtseinspositionen zugrunde, die er nicht zulassen konnte. Das Leben ist bekanntlich immer lebensgefährlich, und schon bei dem einfachen Vorgang, über eine belebte Straße zu gehen, müssen wir ein Risiko auf uns nehmen. Risiken aber versuchte der Patient zu vermeiden, indem er sich völlig in zwanghafte Vorsichtsmaßnahmen eingemauert hatte. Die Angst vor einer Wandlung, die immer symbolisch das Geschehen von Tod und Wiedergeburt in sich einschließt, verhinderte jede Veränderung und damit auch jede Lebendigkeit in seinem Leben. Wenn auch in dieser Serie Angstträume mit Vorgesetzten vorkamen, so würde es doch hier nicht richtig sein, von einer reinen Autoritätsangst zu sprechen, die genetisch auf die Autorität der Eltern zurückzuführen wäre, und die Ängste hätten von dieser Ecke her nicht aufgelöst werden können. Es handelte sich bei ihm eben um etwas Weiteres und Umfassenderes, das erst deutlich wurde, wenn man alle Träume der Serie in ihrer Symbolik betrachtete. Das Gespenst stammt aus der Schicht des magischen Erlebens und verkörpert den Einbruch der Welt des Todes oder der Toten. Der Zwerg ist ein phallisches Symbol von großer Stärke, Lebendigkeit und oft von großem Reichtum und Macht. Auch er entstammt noch dem magischen Bereich als eine Figur, die wir aus vielen Märchen und Mythen kennen. Ebenfalls aus diesem Bereich stammt die junge Hexe, die mit ihren zauberischen Kräften Verwandlungen sowohl zum Guten als auch zum Bösen hervorrufen kann, und schließlich wird das Wandlungsmotiv im letzten Traum ganz deutlich, als mit dem nilflutartigen Geschehen, dem er sich jetzt aussetzen kann und in dem er mittendrin steht, die Welt verändert und erneuert wird.

Natürlich ist das hier vorgelegte Traummaterial nur bruchstückhaft, und die erwähnten Träume erfolgten auch nicht direkt nacheinander, sondern zwischen ihnen trat eine ganze Reihe von Träumen auf, die andersartige Motive und vor allen Dingen keine Ängste enthielten. Das Problem der Traumserien liegt oft darin, daß sich innerhalb kurzer Zeit eine sehr große Anzahl von Träumen ansammeln kann. Wenn man den gesamten Zeitraum einer mehrjährigen analytischen Behandlung überblickt, so verfügt man in der Regel über Hunderte von Träumen. Diese Materialfülle ist ein erhebliches Hindernis zur Erfassung von Entwicklungslinien und Veränderungsprozessen. Man geht daher sinnvollerweise bei der Beobachtung von Traumserien davon aus, daß man Träume mit bestimmten Motiven, wie ich es vorher beschrieben habe, auswählt oder daß man die Träume eines bestimmten umschriebenen Lebensabschnittes beobachtet. Hierbei sind natürlich diejenigen Abschnitte besonders fruchtbar, in denen innere oder äußere Krisen im Leben vorhanden sind, die Wandlungsvorgänge und Veränderungen der Erlebnis- und Verhaltensweisen hervorrufen. Solche krisenhaften Verdichtungspunkte, in denen sich ein Mensch verändern kann, treten ja nicht nur innerhalb eines analytischen Prozesses und einer psychotherapeutischen Behandlung auf, sondern sie gehören zum Lebensprozeß überhaupt und können genausogut durch eine tiefe Liebesbeziehung, den Verlust einer sehr nahestehenden Beziehungsperson, durch Geburt von Kindern, durch äußere oder innere Umstellung des Lebens und ähnliches hervorgerufen werden. Durch die erhöhte Aufmerksamkeitszuwendung auf diese zweite innere Welt der Traumabläufe in Form von meditativen Prozessen können die in derartigen Situationen auftretenden Wandlungen und Veränderungen vertieft erlebt werden, auch ohne daß die Träume analysiert, gedeutet oder übersetzt werden. Damit kann die Beobachtung der eigenen Träume und die Fähigkeit, diese auf sich einwirken zu lassen, zur Krisenbewältigung beitragen und dem ganzen Prozeß durch Hinzufügung einer anderen Seite eine vertiefte Lebendigkeit und eine größere Innerlichkeit geben.

Ich möchte am Schluß noch etwas Allgemeines sagen: Dieses Buch soll demjenigen, der keine Erfahrung auf dem Gebiet der Tiefenpsychologie hat, einen Eindruck über die Vielfalt und Lebendigkeit wie auch über die Verständnismöglichkeiten geben, die in der Phantasiewelt unserer Träume liegen. Unterhalb einer mitunter sehr dünnen Schicht unseres rationalen Bewußtseins existieren bei jedem Menschen seelische Tiefenschichten, die auch einen magisch-mythologischen Bereich umschließen. Vor jedem abstrahierenden verstandesmäßigen Erkennen liegt in den Bildern dieser magisch-mythologischen Welt auch ein prärationaler Erkenntnisvorgang und eine Erkenntnismöglichkeit. In den vielen Jahrtausenden unserer Evolution hat sich das heutige rationale Bewußtsein des modernen Menschen aus diesen Bereichen heraus entwickelt, ist aber in der Tiefe noch immer mit ihnen verbunden. Wenn diese Schichten völlig vom Bewußtsein abgeschnitten werden, entfernen wir uns auch von einem Stück Farbigkeit, Lebendigkeit und Kreativität, das aus diesen Bereichen stammt. Unsere Innenwelt verarmt, und wie alles Unterdrückte oder Verdrängte entartet, so macht sich auch diese unterdrückte Innenwelt in neurotischen Symptomen, in dummen Vorurteilen oder in billigem Aberglauben Luft. Nur durch eine lebendige und sinnerfüllte Beziehung zu diesen Bereichen können wir das vermeiden.

In allem Vorangegangenen sollten dem Leser Hinweise gegeben werden, wie man eine Beziehung zu dieser Welt unserer Träume herstellen kann und in welcher Weise es möglich ist, mit ihr umzugehen. Wenn ich hier auch in einfacher und abgekürzter Form zur allgemeinen Information vieles von analytischen Theorien, die innerhalb des letzten Jahrhunderts entwikkelt worden sind, dargestellt habe, so soll dies nicht etwa dazu dienen, nun seine eigenen Träume zu deuten. Die blinden Flekken und die ja oft notwendigen und wichtigen psychischen Abwehrsysteme werden nur dazu führen, daß wir bei einer derartigen Selbstanalyse die Theorie mißbrauchen und genau etwas Verkehrtes herausbekommen. Es gibt nichts Unangenehmeres als den heute so weit verbreiteten Psychologismus, der mit falsch verstandenen theoretischen Schlagworten manipuliert und eben gerade verhindert, daß das Unbewußte wirklich zugelassen wird. Wir kommen auch nicht auf die Idee, eine Reise oder ein Erlebnis, das uns in unserem Wacherleben geschieht, unbedingt deuten zu wollen. Trotzdem sagt uns ein derartiges Erlebnis bewußt oder unbewußt etwas und wirkt sich auch aus auf die Haltung, das Verständnis und den Umgang in unserem Leben. Wir ziehen aus jedem tiefergehenden Erlebnis Erfahrungen, und die Summe dieser Erfahrungen bildet den Hintergrund unseres Seins in dieser Welt. Genau die gleiche Achtung und Haltunggegenüber dem lebendigen Erlebnischarakter unserer Traumwelt wäre nötig, um den Erfahrungshintergrund unseres Lebens durch eine zweite Welt zu bereichern.

Biographische Notiz

Hans Dieckmann (geb. 1921) studierte von 1939 bis 1945 Medizin in Berlin, Halle, Leipzig, Jena und Wien. Anschließend machte er die Ausbildung zum Internisten in verschiedenen Berliner Krankenhäusern, darunter in der Charité. Seit 1953 ist er in Berlin als Therapeut tätig. Auch seine Frau, Ute Dieckmann, ist Therapeutin.

Hans Dieckmann ist Dozent am Institut für Psychotherapie e. V. in Berlin und war dort zeitweilig auch Vorstandsmitglied. Er ist Vorsitzender der Deutschen Gesellschaft für Analytische Psychologie und Erster Vizepräsident der Internationalen Gesellschaft für Analytische Psychologie. Vortragsreisen führten ihn in die USA, nach England, Israel und in die Schweiz. Er hielt Vorlesungen am C. G. Jung-Institut in Zürich.

Außer den auf S. 177 genannten Büchern hat Hans Dieckmann veröffentlicht: Individuation in den Märchen von 1001 Nacht, Stuttgart; Probleme der Lebensmitte, Stuttgart, und Gelebte Märchen, Hildesheim.

Literaturhinweis

Wer mehr über die Traumdeutung wissen möchte, sei auf folgende Bücher hingewiesen:

Boss, Medard: Es träumte mir vergangene Nacht, Bern 1975
Bossard, Robert: Traumpsychologie, Olten 1976
Dieckmann, Hans: Gelebte Märchen, Hildesheim 1978
Märchen und Symbole, Stuttgart 1974
Träume als Sprache der Seele, Stuttgart 1972
Freud, Sigmund: Die Traumdeutung, Ges. Werke Bd. 2/3, Frankfurt 1968
Jung, Carl Gustav: Die Praxis der Psychotherapie, Ges. Werke Bd. 16, Olten 1958
Meier, C. A.: Die Bedeutung des Traumes, Olten 1972